JN335720

オレたち消防団！ 2

オレたちがなぜ消防団を辞めないのか、
ホントの理由を世間は知らない

藤田 市男

近代消防社

目　次

目次

トピック

被災地に向かう……327

本文イラスト
須田久子（すだ・ひさこ）
豊田市出身、名古屋市在住。七年勤めた銀行を出産退職。育児中、藤田氏のエッセーに出会い衝撃を受け、ねちっこい熱意で藤田氏の一番弟子となる。間違ってイラストを描きたいと申し出て現在にいたる。

ファイト!

夏至の朝
四時半を過ぎると、オレたちの街の太陽は、こんなところにいる。

眠たい。目が乾く。
寝ていたい。バカみたい。

でも、やる。
誰かがやらないといけない役目だから、やる。

その誰かが、オレたちなんだ。
がんばるオレたちのことを、がんばらないヤツらが笑った。

「あいつら、バカじゃないか」って笑った。
「そんな時間があったら、家族サービスでもしてろ」ってさ。

そっか、バカかあ。

でも、バカでもいいな。
そんなこと言うヤツらのこと、オレたちは気にしていられないもの。

オレたち消防団のことを「あいつら、ヒマ人だからやっている」と笑うヤツらに言ってやろう。
「オレたち、オマエラの相手をしていられるほどヒマじゃないんだ」ってね。

災害は、いつやってくるのかわからない。

だからオレたちは、訓練をする。
たいせつな人を守るために、訓練する。
そのときに、オレたちが助ける命があると、信じてがんばる。

オレたち消防団!
ちょっとステキで、すこーしバカ。

へへっ。

きれいな涙で終わらせない

そのとき男たちは、これまでに経験したことのない危険が迫っていることを、この街にいる誰よりも知っていた。

危険を知らせる情報が、消防車の無線機から絶え間なく入ってきている。大津波がそこまで迫ってきている。一刻も早く逃げなければ命にかかわる。

その情報を知り、まっ先に逃げることもできただろう。

しかし、ある男は半鐘を持って火の見櫓に上がって行った。それを叩いて地域の人たちに危険を知らせるために。

サイレンを鳴らす電気が地震直後に止まっていた。だから男は火の見櫓のてっぺんに行き、力の限り半鐘を叩き続け、街の人々に危険を知らせた。

カンカンカンと響く半鐘の音。

「津波がくるぞー！」

「逃げろー！」

喉が破れるほどに叫んだろう。


火の見櫓の上から、海の様子が見えたろう。

異常な黒いカタマリが、街に迫ってくるのが見えたろう。

それでも男は逃げずに半鐘を叩き続けた。

足元を濁流が流れはじめていた。半鐘を叩く音は、津波が櫓をへし折ってしまうまで鳴り響いていた。


海に向かって走って行った男たちがいた。これから津波が襲ってくる危険極まりない海に。男たちはその津波を止めるため、水門を閉めに走っていた。

しかし、津波は男たちが閉めた水門の上を無情に越えて、男たちごと飲みこんで行った。

男たちの命を懸けた行動はムダだったのか。いや、ムダであろうはずがない。男たちの閉めた水門が、波の勢いを確実に弱めた。たとえそれが津波の力を数パーセント削っただけだったとしても、その分だけ人の命を助けることができた。

団の消防車に飛び乗った男たちもいた。そして、拡声器の音量を最大にして「ただちに高台に避難してください！」と叫び、車を走らせ地域を回った。

一旦住民を高台に誘導したあと、逃げ遅れた人がいないか、また下に戻って力の限り叫び、住民を高台に避難させた。

それを繰り返し、最後に男たちは、車ごと津波に飲みこまれてしまった。その手には、そのときのマイクが握られたままだった。

逃げ遅れた人はいないかと、家の中に声をかけていた男たちがいた。そこで、介護ベッドの上から動けない老人を見つけた。

なんとか助けようとベッドを押しながら、外に出た。その直後、男たちはベッドとともに津波に流された。

意識の消えるそのときに、男たちはなにを思っただろうか。

「地域住民の安全」を守った誇りだろうか。……もちろん、それもあるだろう。

しかし、最後の最後に思ったことは、愛する人たちの無事の願いと、そして「ゴメン」という詫びの言葉だったのではないだろうか。

愛する家族に「ゴメン」と詫びたかった。

生きて帰れぬことを、ゴメンと謝りたかった。奥さんにゴメンと、子どもたちにゴメンと、父や母にゴメンと、「悲しませてゴメン」と詫びたかったのではないだろうか。

彼らの行動は、わたしたちの名誉であり誇りである。

しかし、彼らは命と引き替えてまで名誉など欲しくなかったろう。生きていたかったろう。家族とともに、この先も生きていたかったろう。いかに褒め称えられようとも、命を失いたくはなかっただろう。

押し寄せてくる津波から一人でも多くの住民を逃がそうと、最後まで現場に残って巻き込まれてしまった消防団員たち。

誤解を恐れず言わせてもらえば、消防団活動に命など懸けていていいものだろうか。そんなものより、自分が大事だ、家族が大事だ。

しかし、男たちは逃げなかった。

命がけの避難誘導は、そこにいる人たちを見捨てることができなかったから。

誰かがやらなければいけないことだったから。その誰かが、消防団員の自分だったから。

だから、男たちは走った。声の限り叫んだ。

名誉がほしいだの、美談を作りたいだの、そんなちっぽけなことじゃなかった。

そう、その失われた命を、わたしたちは「美談」で終わらせてはいけない。

「美しいね。いいね。消防団って素晴らしいね」と、他人事のようにそんな言葉で、きれいな涙を流して終わらせてはいけないのだ。

死んだから彼らが尊くなったのではない。最後まで人として生きてきて、消防団として活動してきた人たちだからこそ尊いのだ。

命を懸けた彼らの気持ちを、わたしたちはこの先もずっと引き継いでいかなければと思った。

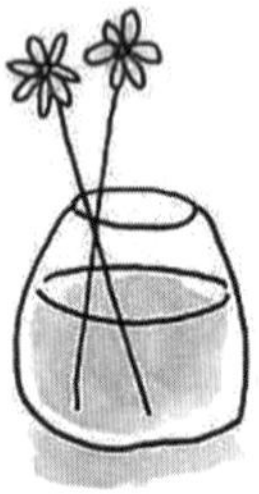

はじめに

前作の「オレたち消防団！」を出版してから、わたしのところに「消防団を誤解していた」と言ってくれた人が少なからずいた。

それがとてもうれしかった。その人たちから、「まさかいまどき地域のためにがんばっている集団があるなんて思っていなかった」という話も聞かされた。

とくに都市部の人たちからの声が多かった。その人たちは消防団の存在そのものを知らなかったり、また知っていても「酒ばかり飲んでいる」だの「消防署があるんだからいらない」などと本気で思っていたりしたらしい。

いや、尊敬なぞされなくてもいい。

たとえ悪口を言われたからといっても、我々は消防団活動をやめたりはしないが、まちがった認識で後ろ指さされていることは悔しく思う。

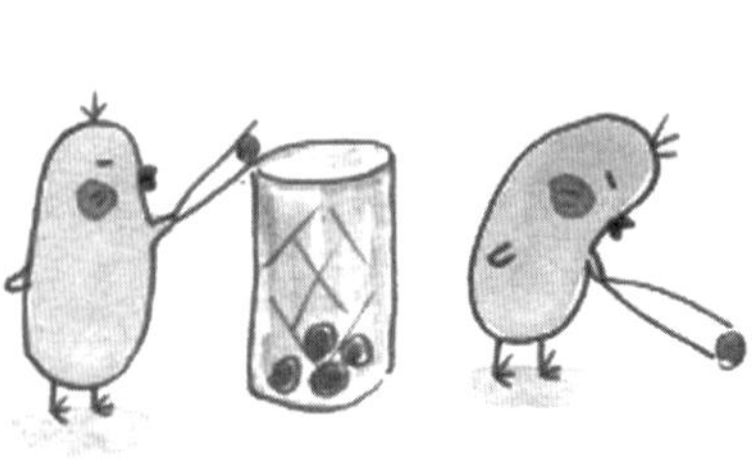

また我々のあとに続くはずの若者たちが、そういう悪い噂のために入団をためらっても困る。

そのためにも、さらに消防団の正しい姿を世の中にアピールしていかねばと思った。

前作「オレたち消防団！」では、そんな本当の消防団の姿を世間に知らせるため、そして団員が団員であることに万が一にでも肩身を狭くすることがないように、消防団員になったことを胸を張って言えるようにと思って書かせてもらった。

いまもこの気持ちは変らない。

現役の消防団員、新潟市消防団江南方面隊大江山分団分団長の藤田市男は、もう一冊消防団の本を書かせてもらうことにした。

叩かれた消防団

愛知県のある消防団は、前著「オレたち消防団！」の発行直前に新聞記事になって登場した。残念ながらそれは、良いほうではなく、悪いほうでだ。

それは告発によってである。

「市の交付金から多額の金を宴会や飲食で使っていたことが分かった」と、まるで消防団が公金を横領しているかのような記事だった。

公平に正義のためにあるであろう新聞が、消防団を告発するほうの主張ばかり載せているように思えた。

これを読んだ団員たちはさぞ悔しかったろう。そして、その家族の人たちも同じ想いをしたことだろう。訓練や点検のために自分たちの時間を削って活動している自分の父が、夫が、どうしてそんなふうに叩かれなければいけないのだと。

その後も告発者からのバッシングは続いた。

酔っ払い消防団・飲みたがり食いたがり・消防団は消火はしない・消防団なんかいらない・訓練しても役に立たない・消防が大好きな団員は、試験を受けて化学消防車に乗ればいいなどなどをチラシに書いて世間に配布していた。

消防団のことをよく知らない一般市民からの「思い込み」で、そのような意見を聞かされているのではない。市民を代表する責任ある人からの告発だ。

たしかに消防団を悪者にして正義の代弁者となることは容易《たやす》かろう。なにも知らない人たちは、消防団のことをとんでもない集団だと思ってくれるし、それを告発する正義の人に拍手を送ることだろう。

残念ながら我々消防団にも正すべきことはある。それは真摯に受けとめなければいけないと思っている。そのための苦言というのなら、甘んじて受けるべきなのかもしれない。しかし、そのチラシを読みながら、わたしは哀しみで体が震えるばかりだった。これがはたして「苦言」であろうか。

責められている彼らの心を思うと、せつなくなってしょうがない。それは、日ごろからいっしょうけんめいにやっている彼らの姿を見たうえでの告発なのであろうか。

彼らを見てみたらいい。彼ら一人ひとりの活動を見てみたらいい。彼らは「飲みたいから」、「食いたいから」、「金がほしいから」消防団をやっているのだろうか。

活動でもらえる報酬や、飲み食いする金額は、彼らが地域のために活動して削ってきた自分の時間や家族との時間と比べて、けっして多すぎることはない。

それくらいの金が欲しくて消防団をやる必要は、彼らにはないことがわからないのだろうか。食うため、飲むため、金のためなら、消防団なんぞ、効率わるくてやっていられない。

言ったもの勝ち、大きな声を出したもの勝ちでいいのか。彼らのがんばりを、そうやって非難し嘲笑するようにしていていいのか。

しかし、人としての尊厳を傷つけるような言葉をぶつけられても、それでも消防団の若い彼らは諦めず、地域を守ろうとしてくれる。

そうやって非難する言葉を聞かせられながらも「こんどは自分たちが地域のために」と思って入団を志願する若者がいてくれる。

「自分たちの活動している姿を見てもらって、それでわかってもらいたい」という団員たちの姿勢が、現実に市民へ伝わり理解を深めてくれている。

これからも彼らは黙々と突き進んでくれることだろう。

わたくし消防団員です

話の流れで、自分が消防団員であることを相手に告げることがある。すると、それを知ってあちら側はどう反応するか。それはだいたい三つにわかれるようだ。

一つ目は「ああ、消防団でしたか。本業があるのにたいへんですね」と心からねぎらってくれるタイプ。そんなふうに言われたら嬉しくなってしまうのだが、しかし残念ながらこういう反応は、あまり多くはない。

二つ目はちょっと考えてから「うーん、よくわからない」という反応。こういう人たち

が、かなり多い。とくに都会では「消防団ってなに?」なのだ。もしくは「あっ、正月にハシゴの上で逆立ちしている、あれですね!」と言う人たち。出初式で「梯子のり」をしている姿を消防団の本来の姿と思っている人たちである。たしかに毎年出初式の日になると、消防団が木遣りを歌って梯子のりをする様子が全国ニュースに映し出される。あの姿は素敵であるし感動するが、わたしを含め全国八十数万のほとんどの団員にはできない技だ。

部長時代の筆者　出初め式にて。
かなりの寒さを笑顔で耐えている。

じつはわたしの妻もこのタイプだった。結婚して、わたしが消防団員になってから、やっとその存在を知ったらしい。彼女の実家の地域にも消防団はあるのだが、ずっと知らないまま大人になっていった。実際には消防団の活動を目にしていると思うのだが、それが消防団の活動なのか消防署なのかわかっていなかった。

三つ目は「おーや、消防団ですか」と言って意味深な含み笑いをする人。わたしはこれがいちばんイヤだ。その含み笑いの後ろには、消防団への不信感や侮蔑が隠れている。いや、それをわたしの被害妄想と思われる人もいるかもしれないが、実際に何度も言われてきたことだ。

しかし、直接それを口に出してくれるなら反論もできるから、まだいい。なにも言わず「ああこいつ、消防団か。ロクなヤツじゃないな」と思う人も中にはいる。実際にあとからそう言われ、ひどく驚いたことがある。

わたしが消防団員になったわけ

それは結婚して一年半、わたしが二十八歳のときだった。

たまに道で会うので会釈程度はしていたけれど、それ以外はほとんど言葉を交したことのない年上の人が我が家にやってきてこう言った。

「君がまだ子どもだったころ、君はまわりの大人たちに守られていた！」と。

「はあ。まあ……」

「そしてこんどは、君がみんなを守る番になった。頼む、消防団に入ってくれないか」

そう言われたら、断れなかった。そっか、こんどはオレの番がきてしまったのかと思った。

しかし、じつは守られていたような自覚はなかった。日曜や祭日に消防団が消火訓練などしているのは知っていたし、当時消防団員だったわたしの父が、夜中にサイレンの音でとび起きて出て行ったことも覚えている。しかしまあそれくらいの記憶でしかなく、守られているような意識はなかった。本当に自覚できたのは、入団してかなり経ってからだった。それまでは、言っちゃわるいが、ホント、嫌だった。

だから、入団当初は不満たらたら。たまの休みは家族とゆっくり過ごしていたかったし、ときにはのんびりしたかった。それなのに朝も早くから訓練や演習があるうえに、災害の本番は予告なしでやってくる。気も体も休まらない。

そのうえ「ゴクローさんだねえ。家族をほっぽってそんなことやっているのか。そんなに『いい人』になりたいのかねえ。オレはそのヒマに仕事と家族サービスするさ」と揶揄するように笑う人もいたので、ほんとにバカみたいと思ったこともある。

たしかに、愚かに見えるところもあった。経済的な損得でいったら、圧倒的に損だと思う。消防団に入って大金持ちになったという話は聞いたことがない。消防団で偉くなって、その地域のために資材を投じ、その結果田畑を手放してしまった人がいるという話は聞いたことはあるが……。

消防団と家族、どちらが大切かと言われれば、今でも迷わず家族と答える。消防団のために家族を犠牲にしてきたことは数多くあるが、消防団より家族が劣ると考えたことは一度もない。わたしにはなによりも家族が大切だ。

しかし、どんなに大切でも、自分一人では家族を守りきれないことがある。みんなの力で守らなければならないときがある。各地の災害を見ていてそう思った。家族が大切だからこそ、消防団が必要だといまは実感している。

この役目は、やっぱり誰かが引き受けなければいけない。

その誰かになったのが「オレたち」だった。

じつは一回辞めている

じつは、わたしは消防団を一回退団しているのだ。当時、わたしたちの地元では、三十五歳になったら退団してもいいという暗黙のルールがあった。

地元の班で班長をしていた三十五歳のときに、近所の若者を「こんどはキミがまわりの人たちを守る番になった」とかなんとか言って勧誘し、わたしは退団。メデタシメデタシであったのだ。正直言って、ホッとしていた。サイレンの音に目を覚まさなくてもいい生活は、たいへん心地よく快適であった。

しかし、それから五年も過ぎてから、こんどは部長として引き戻された。まさかまた消防団に戻るなんて思ってもいなかったし、戻りたいとも思っていなかったのに、消防団時代に散々お世話になった元新潟市江南方面隊のK方面隊長（当時は副分団長）がとつぜん勧誘にやってきたのだ。

それはまさかの想定外。断るための事前準備がなにもできていなかった。前もってわかっていれば、いくら恩のあるKさんからであっても、いくらでも理由をつけて断っていただろうにと思うのだが。

「あああ、ダメですぅ、まってまってー。とにかくダメですぅ」なんて言っているうちに、気がついたら入団の志願書にサインしていた。

しかし、おかげさまで人としての経験値をさらにあげることができたと思っているし、多くの人と知り合えた。いまではほんとうに感謝している。

この本のスタンス

最初にお断わりしておく。この本は、消防団のなにもかもを肯定するものではない。

いくら世話になっているとはいえ、消防団関係者に媚を売る気はない。正直に書く。いいこともわるいことも書く。わかってくれる人はわかってくれるだろうと信じて書く。

消防団になってイヤだったこと、苦しかったこと、改善してもらいたいことなどなど、各地に取材にいって入ってきた情報や、身近なところでは、班長会議や操法の訓練などで直接団員から聞かされた話なども入れて書いていく。

悪の組織・消防団

じつは、消防団の本を書いて売上げをアップすることは簡単だと思う。それは、わたしが消防団のことを「悪の組織」と訴えればいい。正義の内部告発者を装って書けばいいのだ。

そのためのネタ作りには困らない。世間に流れている都市伝説をもとにして、消防団をおもしろおかしくバカにして悪口を書いていけばいいのだ。

たとえば……

「消防団は国民の税金を不正に使って宴会を頻繁にやっている。しかもそれは、スーパーコンパニオンというのを呼んで風俗まがいの酒池肉林状態だそうだ。そんな消防団に入ったせいで、それまでマジメだった人も徐々に性格が崩壊し、ついには家庭も崩壊させてしまうのだ」とか。

「人の金を使って毎日タダ酒を飲んでいるから、いつでも酔っぱらいだ。しかしヤツらは酔っぱらってても堂々と消防車に乗っている。緊急車両だから、警察も大目に見ているのだ」とか。

また「消防団は滅多にない火事や災害にかこつけて得る膨大な手当で潤っている。その大半は幹部が着服しているし、残りは各団員の酒池肉林費用になっている。ほんと、三日やったらやめられないね、消防団は」とか。

「それでもまだ金の足りない消防団は、各家庭を回って寄付金をもらうところもあるらしい」とか。

「いや、それは寄付という名の強制的な徴収だ。払わない家には、火事があっても火は消さないと脅すのだ」とか。

そして最後に、

「しかし、そんな脅しに屈してはいけない。今どきは近代的な消防署が各所にあるのだから、消防団なんていらないのだ。いらないのにむかしからある悪の利権集団。そんなデタラメな消防団を糾弾する正義の男、それがわたしだ」と訴える。

「全国八十数万の消防団員を敵に回しても、わたしはこの真実を善良な国民に知らせたい。皆さん、どうか正義のために応援してください!」と大きな声で訴えれば、たぶんいくつかのマスコミは記事にしてくれそうだし、興味本意の読者は本を買ってくれるだろう。その結果、印税たっぷり、老後も安泰。

たしかにおもしろい本ができそうだ。

しかし、わたしは書かない。

そんな話はウソだからだ。

聞く耳を持つ人に向けて書く

前作「オレたち消防団！」でも書いたことだが、どんなに誠心誠意説明していっても、最初から聞く耳を持たない人もいる。消防団の存在が「悪」や「嘲笑」の対象でないと面白くない人がいる。だからわたしは、そういう人を説得するのはやめたのだ。わかっていてもモンクを言うのだから。

火のないところにドライアイスの如く煙を立たせ、無理矢理消防団を笑いものにしたり悪の軍団にさせたりしたい人たちがいる。

その人たちに消防団の本当の姿を伝えようとして使ってきたエネルギーを、こんどは聞く耳を持つ人に使うことにした。まだ消防団のことをわかっていなかった人、まちがった情報を信じて誤解していた人に向けて使うことにした。

なにとぞ

誤解と疑惑シリーズ

飲みたくてやっているという疑惑

祭りの夜やお盆、そして年末年始などには、消防団のちいさな消防車が「かんかん……かんかん」と鐘の音を鳴らしながら、町内を回っている。

行事のある夜は自宅の守りが手薄になりがち。みんなが楽しく浮かれているときに、消防団が「油断しないでください。気をつけてください。戸締まり用心・火の用心」という意味で地域を巡回しているのだ。

わたしの家に近づくと、そのちいさな車が「こちらは○○分団○班です……」と大きな声でアナウンスをする。それを聞き「よしよし」と思う。班長会議のたびに「広報はハッキリと大きな声で！」とわたしに言われているので、それを証明するために、我が家の前ではとくに大きな声を出しているのだろう。そんなとき、若い団員たちを可愛く思う。

その日は自分たちの町内の祭りであるから、本来は自分たちも祭りを楽しみたいはずの団員たち。それなのに、地域のために巡回している。わたしは彼らの活動を心から感謝している。自分たちの楽しみの時間を削って消防団活動をしてくれてありがとうと思う。

そうやって広報活動をしている消防団員のことを「いまどき消防署があるのだから、消防団なんていらない」とか「イナカの酒好きのヒマ人が集まっている」などと言う人がいる。消防団活動に関わったことのない人が、自分の憶測だけで消防団のことをそうやって揶揄をする。

そんな話を聞かされたら、彼らはどんなに悔しかろう。彼らは宴会をしたくて夜警をしているわけではない。終わったらすぐにでも家に帰りたいのだ。そこには家族が待っているのだから。ほんとうは子どもの手を引いて、いっしょにお祭りに行きたかったのに、消防団という役目があるから我慢している。それを、こんなふうに言われてしまう彼らがせつない。

彼らが家に帰るころは、もう子どもたちは眠っているかもしれない。そうしたら、その寝顔を見ながら「お祭りなのにゴメン

な」と、遊んであげられなかったことを謝るしかない。

彼らが一生懸命にがんばっているのに、世間の一部に情けない誤解をさせてしまったことを、本当に申し訳ないと思っている。

大金をもらっているという疑惑

「消防団は活動資金をたっぷりともらっているんだってねえ。いいよねえ、この不景気なご時世にねえ」と意味深な笑顔で聞かれることがある。

隠す意図はないので正直に言おう。金はちゃんともらっている。しかも、ご想像どおり皆さんからの貴重な税金からだ。

消防団員の身分はじつは「公務員」なのだ。特別職の地方公務員、それが消防団。だから、正確に言えば我々はボランティアではなく公務員という職業なのだ。

ちなみに、消防団員としての年間収入は、一人あたり三、四万円ほどだろうか。まちがいのないようにもう一度言うが、それは年間の収入である。

しかも、それとて一般的には現金で個人に支払われることは少ないのではないだろうか。一旦分団なり班なりに入金され、そして消防団活動に必要な備品の購入や各種行事の運営費などを差し引いてから再配分されていくところが多いかと思う。

わたしの所属している分団の話になるが、本人に直接現金が支払われる金額は微々たるもので、わたしが一般団員だったときは手取り年収はほぼゼロ円だった。いまではやや改善されて、団員も個人的に現金を数千円はもらえるようになっている班もあるようだ。

消防団員は、だれも生活費や遊ぶ金を稼ぐために入団してなどいない。この際であるからハッキリ言おう。消防団に入っても経済的なメリットなどないと言っていい。

消防団で費やしてきた時間を本来の仕事に使っていれば、消防団としての得る年収の何倍も得ることができる。それなのになぜ、消防団員はそのような理不尽とも思える組織に居続けているのか。それについては、このあとの章に書いていこうと思う。

下品で破廉恥に騒ぐ団体という誤解

「消防団はなにかと理由をつけては貴重な税金を使い、風俗まがいの女性を呼んで宴会をしている」

という話を聞かされたら、善良な市民はビックリだろう。消防団はなんという破廉恥な集まりであろうかと思うにちがいない。

たしかに消防団活動を通じて酒を飲むことがある。いや、むしろぜんぜん否定しない。それを批判する人たちは、会社での慰労会、忘新年会や歓送迎会などはやらないのだろうかと逆に質問したくなる。

消防団だって大会の打ちあげもやれば、団員の歓送迎会もやる。開き直るわけではないが、酒を飲んでなにがわるいのだ？　それも、自分たちの活動でもらったわずかな賃金を使って飲んでいるのに。

このあたりはけっこう誤解されるのであえて何度も書いておくが、団員が自分たちの活動でもらったお金で飲んでいるのだ。

ウソをついて「ホースを買うから」とか、「ポンプの部品が壊れたから」とか、そんなふうに不正に請求してもらったお金を飲食費に使っているわけではないのだ。

たしかに、消防団の報酬そのものは国民の貴重な税金から出ているのである。しかしこれがケシカランと言われたら、お金の出所が同じ公務員や議員の皆さんはどうなのだろう。給料を飲食に使ったりはしないのだろうか。

それに、すこし想像してもらったらわかると思うが、消防団活動にかこつけてしょっちゅう酒を飲んでいられるほど、我々はヒマじゃない。

我々団員たちは、生活のための仕事を持ちながら消防団活動をしているのだ。家族との団欒や趣味に使うプライベートな時間を削って防火活動や演習訓練に費やしている。その上さらに宴会ばかりしていたら、時間がいくらあっても足りなくなると思わないのか。

いまどき、酒が飲みたくて消防団に入るような人などいるのだろうか。酒が飲みたければ、消防団活動を通じて飲むよりも、自分の金でプライベートで飲むほうがはるかに効率がよいと思うのだが。

エッチ系疑惑

酒とセットで聞かれるのが、エッチ系の疑惑。
「消防団はエッチですよね？」と、いやもう、清々しいくらいに確信をもって聞かれることがある。

たしかにエッチな人が消防団に入ることもあるだろう。しかし、そのような人は、消防団に限らずどんな組織にもいるのじゃないだろうか。

また「わたしの夫は消防団に入ってから風俗に通うようになりました。夫をそんなふうに変えた消防団が憎いです」と言う抗議をいただく分団もあるらしい。ああ、お気の毒に。

しかし、消防団に入ったからそちらのお宅のご主人さまが風俗に行くようになったのではなく、風俗に行くようなご主人さまが消防団に入ったのだと思う。

おなじように、ウチの息子がスケベなのは消防団のせいだと怒る親御さんもあると聞くが、それは消防団のせいではなく、遺伝とか本人の持っている天性の資質によるものと思われるのだが。

なぜかこのように、消防団＝エッチ、風俗、下ネタ、などなど欲望方面の疑惑が出てくる。

ひとつ考えられるのは、若い男性団員が多い集まりであるから、なにをやるにもエネルギッシュなのではないだろうか。飲みかたも豪快。話す内容も女の子のこと。ときに意見の衝突での激論。そんなことがヘンに曲がった噂になっているような気がする。

このあたり、本当に消防団にだけエッチ系の人間が多いのかどうかを総務省で調べてもらい、もしそれが事実なら、その因果関係などを含め研究し発表してもらいたいと思う。

そうそう、考えられる理由がもうひとつ。

自分が飲みに行きたくなったときに、奥さんや家族に「消防の飲み会に呼ばれたのでいかなければならない」と言えばいいと思っている人もいるようだ。

だから、「まったくもう、消防なんてロクでもない」と怒りの矛先を消防団に向けられてしまうし、個人的趣味で風俗にいってそれがバレたときは、土下座して「消防の仲間に誘われて断わりきれなくて」と泣きながら謝ったら許してもらえたとかいう話も聞く。

そのような目先の言い訳が消防団員全体に誤解を与えている。そこを自覚し、猛省を促したい。

誰か甘い汁を吸っているだろうという疑惑

ときには、「よし、あなたたちのことはわかった。よくやってくれていると思うよ。たいへんだね。しかし、幹部の連中はどうなんだい。えらそうにあんたらを使って、自分らは甘い汁を吸っているんじゃないかい？　このさい正直に言ってくれないか」と聞かれることもある。

「ええ、じつはまったくそのとーりでして」と涙ながらに答えたら「そうだろそうだろ」と喜んでくれると思うのだが、残念ながらそれもまたちがう。階級が上がって「やー、儲かった儲かった」という甘い汁はない。

上役を褒めるのはゴマをすっているみたいで不本意であるが、正直に書かせてもらおう。

階級が上がれば上がるほど、失うものも多い。それは主に「時間」だ。会議やイベント、それに災害での出動範囲が一般団員とくらべて格段に多くなり、趣味や家族との団欒、そして本来の仕事をすべき時間などもどんどん削られてしまう。

毎日のように送られてくる消防署からの事務連絡FAXやメール。読むだけでよいものもあるが、なかにはすぐに返事や報告をしなければならないものがあるから、それを処理する時間がばかにならない。なんども書くが、自分の仕事でも趣味でもなく、特別職地方公務員として時間や手間をとられているのだ。

滅多にない火事のためだけにある組織という誤解

いまはむかしほど火事もないし、消防署もあるから消防団なんていらないですよね……と言われることがある。それなのに、どうして「消防団」があるのですかと。

たしかに火事は滅多にない。いや、あったら困る。困るから、火事にならないよう、消防団は夜回りし地域の皆さんに火の用心を訴え、また日ごろから防火設備の点検をしている。そのことを知らない人が多い。

実際の火事のときには、一般的な消防団が持っているポンプよりも消防署の消防車のほうが圧倒的に威力があることはまちがいない。火を消したり人を助けたりする技術も、日本の消防署はものすごく高い。

だからといって、消防団はいらないのだろうか。そんなことはない。そもそも消防団と消防署は比べるものではないのだ。まず、その役目がちがうのだ。

実際に火事が起きたとき、その地域に精通しているのが地元に住んでいる消防団だ。いま燃えているところの家族構成や、この家の先の○○のところには先月から寝たままのじいちゃんがいるとか、この裏から放水するには○×の家の庭を通っていけばいいとか、みーんな知っている。それを現場にやってくる消防署の人にも伝える。

そしてまた火事になると、続々とよその班の消防団がかけつけてくるのだが、彼らが最初に探すのが「水利」だ。水が

なければ火は消せない。その場所をいち早く教えるのも地元消防団の役目である。

そして無事に鎮火したあとの見まわりも、消防署が帰ったあとに地元の消防団が引き受ける。キナ臭い家の中に入り、再燃しそうな場所はないかをチェックし、鎮火の数時間後までその場所に居残り、寝ずの番をしているのだ。

消防団なんて、ほんとはいらないよねという疑惑

先ほどの話の繰り返しになるが、

「消防署があるんだから、ほんとは消防団なんて必要ないですよね？　消防団がプロの消防士にかなうわけないいんだし、機動力だってちがいますしね」と言われることがある。

また「火事場では技術のない消防団は消防署の邪魔になっているんですってね？」という質問もくる。嗚呼。

たしかにわが国の消防士さんたちは優秀だ。消防団が消防士さんと競おうなどと思わない。できることなら、消防署員さんをもっと増やしてもらえたらと思う。彼らはいまでも

たいへん忙しい。それを限られた人間でやりくりしてがんばっている。
いまある消防団員の数だけ消防署員を増やせば、悪の組織の消防団員なんていらなくなって万々歳。では、なぜ増やさないのか？　その答えはわりと簡単だ。予算が足りないのだ。新卒の消防士さん一人の給料で団員四〇人を確保できると言われている。そういう意味でも、我ら消防団員はとてもたいせつな存在であろう。

また、消防団の出動は火事ばかりではない。
災害の警報が発令されたときは見まわりに出動する。市民の皆さんが家の中でじっとしている台風の夜、消防団員たちは外を巡回している。電線が切れていないか、木が倒れていないか、なにかあったときにはすぐに所轄の機関へ連絡をとるため、警備をしている。一般の人たちが家でじっとしているときなので、消防団員のこうした活動はなかなか知られることがないのかもしれない。

大雨で水量が増し大水が出そうなときは、付近住民に避難を呼びかけ、自分たちは各種工法を駆使して土手を守る。そのための水防訓練を各所でやっている。

他に、地域の行方不明者、たとえば認知症の老人が家を出たまま帰らないとか、子どもが遊びに行ったまま戻ってこないなどの情報が入った場合は、夜を徹して捜索に入る。

川に身元不明の死体があがれば、その収容を消防団がやることもある。

あるところにおばあちゃんの亡骸が流れつき、それをブルーシートで包んで掬おうとしたのだが、シートに水が入って重くてあがらなかった。その姿を見ていていたたまれなくなった団員の一人が、川に入っておばあちゃんをおぶって引きあげたこともあると聞く。

無法者集団疑惑

「いい人だと思っていたのに、あの人は消防団なんですって。人は見かけによらないものね」「あらそうなの？　幻滅だわー」という悲しい会話が実際にある。

先に書いたとおり、消防署があるのに無用な消防団などというものが存在し、そこに入り浸っている無法者たちが消防団を私物化し、高額な補助金を受けとり酒飲んで風俗の女性たちとドンチャン騒ぎしているというような疑惑。だから、「あの人はいい人だと思っていたのに、見損なったわ。いやあねえ」となってしまうのだ。

そうじゃないことを前作や、ブログで何度も書いてきた。その後だんだんと「それは知らなかった」「誤解していた」「ちょっと見直した」という意見を聞くようになったのでうれしい。

消防団って怖い人たちの集まりですよねという誤解

ある公共施設で受付している女性が言った。「団体で消防団の人たちがやってくると怖いです」と。

最初、よく意味がわからなかったのだが、詳しく聞いてみて少し理解できた。

彼女が受付をしているところに、県外からの消防団員と思われる

集団が旅行でやってきたのだという。そのとき彼らがとても元気だったらしい。消防団は若い人が多いゆえに、ときにムダに勢いがあるのだ。もちろん暴力的なわけではなかったのだが、彼女は消防団の都市伝説を聞いていたゆえに「怖い」と思いこんでしまっていたらしい。

わたしは、こういうふうに誤解している人は、ていねいに説明することにしている。話せばわかる人たちなのだ。意図的に消防団を揶揄して喜んでいる輩とはちがうのだから。

勘違いしないでもらいたい

たとえば、悪事を働いた消防団員がいたとしよう。飲酒運転とか、暴行とか、盗みとか。場合によっては放火もあろう。消防団員が事件を起すと、すぐに報道される。

そうすると「ほらみろ、消防団なんてロクなもんじゃない」と言う話が出てくる。あんな悪の組織に大金を注ぎ込んで、行政はバカかという話までいき「その金でマジメな消防署員を雇え」なんて言われてしまう。

しかし、ちょっと考えてほしい。

消防団員だから事件を起したのだろうか。そうじゃなかろう。事件を起した人間が消防団員だったというだけのことだ。

消防団員じゃない人間が事件を起したら「ほらみろ、消防団に入っていないからあんな犯罪をおかすのだ」と決めつけるくらいにちがうと思うのだが。

そして、もうひとつ見過ごせない誤解

前の章でも少し触れたが、それは、消防団は家族をないがしろにしているという誤解。

たしかに、家族に迷惑をかけることもある。世のおとうさんたちが子どもたちと出かけるような休みの日にも、場合によっては巡回や出動があるかもしれない。

しかし、それは家族を大事に思っていないからじゃない。消防団をやってみたらわかる。どんなに家族が大切であるか。災害で家族を失った人の悲しみを目のあたりにして知ることもあるのが、われわれ消防団だ。

家族が大事だから、その家族を守るために誰かが力を合わせていかなければいけないことを知っている。その誰かが、自分たちだったということだ。

しかし、多くは知らないゆえの誤解であろう

わたしだって、消防団に入ったからわかるのだが、そうでなければこれらの都市伝説を信じ、消防団を悪の軍団と思っていたかもしれない。やはり、知らないというのは誤解のもとなのだ。

ここまでの説明で、消防団の実情を少しはわかってもらえただろうか。

だが、けっきょくはヒマだからと言われる消防団

「ああ、わかったわかった。アンタらは『そこそこ』いいことやってるみたいだな。えらいえらい。でもオレはそんなヒマじゃないからできませんわ。ま、せいぜいがんばってく

れ、ゴクローサン。かっかっか」と、露骨にバカにした態度に出る人がいる。

そんな人は、ずっとそう思っていればいい。もうわたしも相手にしない。しかし、安心してほしい。どんな人であっても、消防団はその人が災害に遭えば救助に向かうし、家が焼ければすぐに消しに行く。

必要悪?

ときにわかったような顔で言われる。消防団は必要悪な存在なのだと。

災害時の人員確保のために必要だから「悪」だけれどなくすわけにはいかない存在なのだと。

冗談じゃない。わたしたちは無法者の集まりか。

実際に消防団の不正を目にしたり、「悪」と思えるところがあったりしたら遠慮なく訴えてほしい。

消防署なり警察なり役所なり、どこでもいいから、そういう実態があることを証拠と一緒に報告してほしい。

それは多くの消防団員のために、ぜひお願いしたい。これは開き直りでもなんでもなく、正直な気持ちだ。膿があるなら、しっかりと出しておかなければならないのだから。

都市伝説みたいな話から勝手にイメージを作られ、それで消防団をけなされては不愉快なのだ。

魅力ある消防団になることを
あきらめないために

地域における消防防災体制

少々堅苦しげなタイトルがついているが、書いていることは難しくないので読み飛ばさずにいてほしい。ここでは簡単に地域の中での消防団の立ち位置を説明しておきたい。

まず、我々消防団とはどういう組織なのだろうか。

「ボランティア組織」と思っている人もいるかもしれないが、それはちがう。消防団員は特別職地方公務員という報酬を得る職業なのだ。そのお金で生活できる人はまずいないと思うが、とにかく職業なのだ。

職業であるなら、消防署の職員であろうか？　いや、それもまたちがう。消防署とは密接な連携を持っているが、消防署員ではない。

水防訓練中の消防団

消防団の位置は「オレたちの街をオレたちが守ろう！」の「守っているオレたち」のところにあるのだ。

その消防団にがんばってもらおうと、町や村では予算を確保して資機材や手当を工面してくれている。

以上を補足する意味で、災害に対する備えを、「自助」、「共助」、「公助」で説明していこう。

まず、自らの身は自らが助けるという意味での自助がある。それは各々個人だったり各家庭単位であったりする。

そして助けあいの共助がある。そこは自治会や町内会の自主防災組織やＮＰＯ、ボランティアなどから組織される。

それでも対応できない場合のために、公の助けである公助がある。それが消防署関係となる。

消防団は、共助と公助の間に位置すると言われている。

消防団に入ろう

正直に言う。

偉そうにいまはこんな本を書いているわたしであるが、最初は嫌々入団したのだ。

入団したときは、階級も年齢も一番下。なにをやってもヘタ。

「規律」がどうしただの「節度」がどうだの「気をつけ!」だの「回れ右」だの体育の授業じゃあるまいし、「せーれつ休め」ってナンなのよ。それから、偉い人たちにしょっちゅう言われる「こーきしゅくせい（註）」って、いったいどんな字を書くのよみたいな、そんなふうに「やってらんねー

我が分団の秋の演習

よ、こんなこと」と思う日々。不満を抱えながらのスタートだった。

（註）「こーきしゅくせい」とは「綱紀粛正」と書きます。

消防団のなにが魅力なのだろう？

金にはならん。休日が潰れる。ときには仕事も休んで地域の人の平和のために活動している。

それなのに、世間からねぎらいの言葉はあまりない。ヘタしたら、勝手な思い込みで揶揄されることもある消防団。

それなのに、どうしてやっているのだろう。

ハッキリした答えはわからない。誰かがやらなければいけない役目だった。その誰かが、たまたまわたしだった……ということしか言えない。

「いや、そんなキレイ事では納得しない。やはりなにか旨味があるからだろう」と、やらない人は思うかもしれない。

たしかにおいしいところはある。しかし、それはその人たちが想像するドス黒く甘い蜜の味ではない。

いまは、いろんな苦労もわたしの経験値をアップさせるための体験だと思ってやっている。消防団という異業種の人たちの集まりに関わることは、お金ではかえられない経験値なのだ。

わたしは、消防団のおかげで成長できると思っているし、実際に成長してきた。

心地よい縦社会

ちょっと誤解を招きそうな表現かもしれないが、消防団は間違いなく縦社会だと思う。縦社会などと言うと先輩に絶対服従、新人はドレイ生活などという暗いイメージを抱くかもしれないが、その縦がけっして不快ではないのだ。消防団のそれは、心地いい。

大人の集まりである消防団は、けっして封建的な縦の関係ではない。上からの命令系統、伝達系統は、下のものはそれに逆らわず命令を受けたらそのまま従わなければいけない関係であることは確かだが、それは命がけの現場で各自が思うままの行動をしていたら危険であるからというだけのこと。

まあ、わたし個人の考えで言えば、命令は、するよりされるほうがずっと気楽だ。命令を出すということは、とても責任が重い。まちがったら団員の生命に関わるから。

ちょっと大人の縦社会。現場以外の会議や面識会などでは、上下関係をあまり意識せず話ができる。

そこでは、消防団に入るまでは知り合えなかったであろう人たちとの出会いが待っている。これがお金では買えない経験となる。

そしてまた縦だけではなく、横の関係もどんどん増える。同じ班、同じ分団、同じ方面隊、どんどん仲間が増える。もちろん大勢の集まりなので気の合わない人も出てくるが、それはどんな社会でもあるわけだ。個人的な意見としては、消防団員は経済的には得にならない（個人の感想です）役目を引き受けている人の集まりであるから、基本的に人がいい。ハッキリ言えばお人好し。そんな人たちの集まりだから、心の中でどこか通じるものがある。

入ってよかった消防団

「消防団に入ってよかったことはなにか？」と聞かれることがある。

やはり一番は、多くの人と知り合えたことと思っている。

正直、そんなものは最初のうちはメンドくさかった。

それまでの生活は、世間との付き合いの少ないぶん気楽であった。時間は自分や家族のために使っていればよかった。

入団したら、それまではその地域に住んでいるという程度の付き合いしかなかった人たちと、こんどは消防団として深く関わっていかなければならない。消防団は異業種の集まりだし、年齢もさまざま。これまでの付き合いとは、ちょっとちがう。そんな集まりが、最初は窮屈だった。

わたしの入った班は十三人で構成されていた。顔はなんとなく見たことはあるけれど、言葉を交したことがない人たちが大半だった。そんな人たちといっしょに訓練したり、実際の現場で消火活動したり、打ちあげで酒を飲んだりしているうちに、心が通じ合ってくる。自分の知らない世界を知っている人の知識や経験が、その人を通じて自分の中に入ってくる。それはまるで、これまで知らないでいたおもしろい本や映画に出会えたような喜びに似ていた。消防団を通じて知り合えた人間関係が、いまはわたしの大きな財産になっている。

だから、人として信じられる

休みの日を使って消防団活動。

災害があると、住民には「危険ですから外に出ないでください」と広報していながら、自分たちは危険な外に出っぱなし。

やらない人たちからは「お人好しだねえ」と揶揄されて、自分でもそんな気がするけれども、やっぱりやり続ける。

そんな消防団活動をする人たちだからこそ、わたしは人として信じることができる。命がけのときにも裏切らない仲間として、信じることができる。

やりがい

たとえば、震災のあと、消防団の志願者が増える。

土砂災害のあと、洪水のあと、志願者が増える。

「地域のために役にたてる」「己の存在意義を確認できる」それが消防団だ。

平和なときには、自分が誰かの「役にたっている」という感じが少ないのではないだろうか。

各地に取材にいってわかったのは、消防団を暖かく見てくれている地域はたくさんあるということだ。その多くは、都会から遠いところにある消防団であった。

そういう地域では、住民はつねに危機感とともにある。現実として消防署が近くにないところは、消防団の存在が大きい。いざとなったときに、消防署から消防車がくるまでに時間がかかる地域。そういうところでは、団員たちも「オレたちがここを守らなければいけない」という自覚を持つし「オレたちは地域の役にたっている」と確信が持てる。

これが大都会になると「近くに消防署があるのだから、消防団なんていらないでしょ?」となってしまいがちかもしれない。ともすれば「オレたち、いてもあんまり役にたっていないんじゃないかな?」と思ってしまう団員も出てくるかもしれない。しかし、後述する阪神・淡路大震災で消防団は大活躍し、それがマチガイだったことがわかる。

退職報償金のこと

「消防団はやめるときに退職金をたっぷりもらっていくのだそうですね」という質問をいただく。退職金、正確には退職報償金と言うそうだが、たしかに出る。たぶんこれを質問

退職報償金支給額表

（単位：千円）

階級	勤務年数					
	5年以上10年未満	10年以上15年未満	15年以上20年未満	20年以上25年未満	25年以上30年未満	30年以上
団長	239（189）	344（294）	459（409）	594（544）	779（729）	979（929）
副団長	229（179）	329（279）	429（379）	534（484）	709（659）	909（859）
分団長	219（169）	318（268）	413（363）	513（463）	659（609）	849（799）
副分団長	214（164）	303（253）	388（338）	478（428）	624（574）	809（759）
部長及び班長	204（154）	283（233）	358（308）	438（388）	564（514）	734（684）
団員	200（144）	264（214）	334（284）	409（359）	519（469）	689（639）

備考：（　）内書きは平成二十六年以前の退職報償金支給額である。

した人は、かなりの金額を想像しているのではなかろうか。具体的に言えば数百万。場合によっては一千万円とか。さすがにそこまではもらえない。

退職報償金などまだまだ先のことと思っていて考えていなかったのだが、正確な額を知って驚いた。平成二十六年に引き上げられて、かなりうれしい金額になっていたのだ。

具体的に言うと一般団員であれば五年以上十年未満の勤めで二十万円。三十年以上がんばれば六十八万九千円もらえる。またこれは一般団員の場合で、わたしのような分団長であれば、五年以上十年未満で二十一万九千円。三十年で八十四万九千円となる。一年で三万円ずつ貯金しているような勘定だ。

「おー、すごいなー」というのが正直なところ。けっこうもらえるものだなとうれしくなった。

わたしの知るかぎり、退職金を目当てに消防団に入った人はいないのだが、ありがたい制度だと思う。

入ったら不安？

消防団に入らないかと誘ってみても「はい、はい」と二つ返事で快諾されることは、わたしの経験では未だにない。

多くは「時間がない」と断られる。たしかに、消防団活動には自分の私的な時間を費やすことになる。消防団のために使うくらいなら、休息や趣味、家族サービスなどに使いたいと思う気持ちもよくわかる。

また、消防団には軍隊みたいな規律や上下関係があって窮屈な思いをするのじゃないかという不安もあるだろう。たしかに演習などを見てみると、偉い人たちに号令をかけられて「気をつけ!」だの「右むけ右!」だの「三歩前へ進め!」なんてのを真面目な顔してやらされているわけで、見かたによってはたしかに、ヘン。しかしまあ、このあたりは気持ちの「慣れ」で違和感がなくなると思う。号令をかけられる自分たちは、部下ではあるがドレイではないし、号令をかけるほうも、「オレがご主人様であるぞ」なんてことは思っていない。

そして、これまで何度も書いているように、消防団を「悪」と感じさせる都市伝説ばかりを信じ、消防団なんかに入って酒びたりで乱れた生活になるのじゃないかと思う人もあるかもしれない。

しかし、不安の多くはまさに杞憂であろう。

たしかに組織に属すということは窮屈に感じるかもしれないが、消防団のそれは暴力的なものではない。

もしホントに消防団が理不尽な組織であると判断したら、そんなところは遠慮しないで辞めればいい。それで万が一にも嫌がらせなどあるのなら、即座に訴えればいい。

消防団員は人がいい？

わたしの独断で言わせてもらうと、消防団員はお人好しが多い。頼まれるとハッキリと断ることができず、いつのまにか消防団の勧誘を引き受けてしまった男たち。

「頼むよ。消防団に入ってくれよ」と先輩に言われると「あ、いや、オレは仕事が忙しいから無理です」と、たいていは断る。しかし「うんうん。忙しいよね。わかるわかる。でも、オレたちだって忙しいけどなんとかなってるさ。だからいっしょにやろうぜ」とニコヤカに言われる。

「オ、オレ、昼間は会社にいって家にいないっす。昼火事になっても出動できないっす」と断れば「うんうん、いまはみんな会社いってるしね。なんとかなるよ。そんなときは会社に電話するから、ゆっくりくればいいよ。それに火事は夜にもあるしさ」なんて甘くささやかれ「消防団って面倒でイヤかもしれないけど、誰かがやらないといけない役目だと思うんだよね。その役目をキミもオレたちといっしょに担ってくれないかな」と言われて、そして気がつけば入団届けに名前を書いている。

これが勧誘に行った途端に「おーし待ってましたあ！　入る入るぅ！」なんていう態度だと逆に不安だ。もしかして「消防団はしょっちゅう宴会やってコンパニオンあげてお金もいっぱいもらえる夢の組織」だと勘違いしているんじゃないだろうかと心配になってしまうもの。

それでもいっしょにやろう

入団したてのころは、そんな消防団活動に嫌気がさして、どうしてこんなことをしていなければいけないのだと思うこともあった。消防団なんていう組織はなくてもいいじゃないかと思った。

何年か続けているうちに、消防団はやはりなければいけないと思うようになった。それでも、必要なのはわかったが「どうしてオレ

ばかりこんな損な役割を引き受けなくっちゃいけないんだ。だれか代わりにやってくれよ」と言いたかった。

そしていま、わたし自身が消防団をすることの苦労が身にしみているだけに、自分の役割をほかの人に押しつけることはできないと思うようになっている。

だから「消防団なんて辞めたい」でもなく、「オレの代わりに消防団をやってくれ」でもなく、いまは「オレといっしょに消防団をやってくれないか」という気持ちになっている。

「オレも辞めないでがんばるから、若い皆さんもいっしょに消防団をやってくれないか。どうかその若い力を貸してくれないか！」と願うようになっている。

消防団にはこうして入る

消防団に入るにはどうすればいいか？

一般的には十八歳以上で、その市町村に居住しているか、または勤務・通学している人なら男性でも女性でも志願して許可が出れば入団できる。「どうかわたしを消防団に入団させてください」とお願いし、「よし、許可しよう」と言ってもらって入団しているというわけだ。しかし、タテマエ上はそうなっているのだが、実際のところは、自らの意志で志願して入団したという人はどれほどいるのだろうか。わたしの知るかぎりでは、地域の先輩たちに「志願するように」と説得され、断わりきれずに入団した人のほうが圧倒的に多い。

わたしの場合は、地元の班から突然電話がきて「ちょっと話があるのでこれから家にいってもいいだろうか」と言われ、素直に「はい」と待っていたのがまちがい（?）のはじまりだった。

先の章でも書いたのだが、我が家に消防団の制服を着た班長と副班長が二人で家にやってきて、班長が開口一番こう言った。

「君がまだ子どもだったころ、君はまわりの大人たちに守られていた。こんどは、君が守る番になった」と。

それに続いて副班長が畳みかけた。

「君を守ってくれていた大人たちは、みな年老いた。こんどは君が地域の子どもたちと、かつて君を守ってくれた大人たちを守ってくれ」と二人の先輩に説得されて、それで断りきれずに志願したというわけだ。

地域の先輩に面と向かって頼まれれば断り難い。入りたくなければ、とことん逃げまわり、勧誘する人たちと顔を合わせないことだろう（こんなことを書いてもいいのだろうか）。

消防団はどんな人たちの集まりか？

消防団にはどんな人たちが集まっているのか？

やはり日ごろから時間の余っているヒマな人たちがやっているのだろうか。いや、けっしてそんなことはない。

みんな仕事を持っている。いまはわたしの分団では圧倒的に会社勤めのサラリーマンが多いが、全国津々浦々見渡してみれば、まさに職業はさまざまである。わたしのような作家もいるし、学生もいる。医者もいる、弁護士もいる。農業を営んでいる人もいるし大工もいる。会計士もいる、税理士もいるし、議員さんもいる。フリーターもいるし、公務員もいる。ようするに消防団をやるのに職業はさほど関係ない。

苦言：団員さんたちへ

ちょっと苦言を書かせてもらおう

わたしのところにブログを通じてこんなメールが届いているのだ。

「消防団の宴会には、服を脱いだりするスーパーなコンパニオンがくるそうですが、ホントですか?」という質問だ。

わたしは実際には遭遇したことはないが、噂には聞く。友達の友達が入っている消防団がすごい! などというような都市伝説的な話ではあるが。

開き直ってしまえば、もしそれがたとえほめられた使い道ではないとしても、それは消防団の皆さんが自分たちで稼いで得たお金だ。法律に違反する行為をしているわけじゃないし、それをなにに使おうと本来は自由なのだ。

わかるのだ。皆さんが自分の時間を削り、ギリギリのところで消防団活動をしていることは、じゅうぶんわかるのだ。だから、たまにはちょっとハメを外して弾けたい気持ちもよくわかるのだ。

そこをわかったうえで、敢えて言う。

消防団に対し、まだまだ世間の目は厳しく、また好奇の目で見たがっている人もいる。

消防団のすばらしい活動をホメてくれる人もいるが、暴力集団、エロに染まった集団、不正に公金を使っている犯罪組織、宴会ばかりの酔っぱらい、飲酒運転常習犯の集まりなどなどというような誹謗も聞く、残念ながら。

消防団はニュースの格好の的になる。なにかコトがあったときには「火を消す消防団、欲情の火を消せず！」なんていうとてもステキな見出しがついて新聞に出てしまう。

消防団の名前を使って集まっているかぎり、わたしたちは「一私人」ではなく、特別職地方公務員だ。皆さんのやってきた尊い行為が、そのようなことで市民に誤解され帳消しになっては悲しいと思う。

こう書きながらも、繰り返しになるが、皆さんの使うお金は自分たちが汗水流して稼いだものだということは、わたしは忘れてはいない。誰かに皆さんの悪口を言われたら、わたしは必死になって弁護する。「なにがわるい！」と反論する。その想いがありながらの苦言である。

遊ぶなら、ハメを外したいのなら、消防団活動から離れたところで思いっきり弾けようじゃないか。

わたしは団員を信じている。

いっしょうけんめいにやっているのを知っている。だから、なにも知らないのに揶揄する言葉に腹が立ったり悲しんだりする。

フジタは団員の気持ちをわかってくれないとガッカリされてしまうかもしれないが、ここは心を鬼にして言わせてもらった。

市民の目

春の演習のあと、市民から消防局にＦＡＸが届いたそうだ。しかも二件。活動服を着た団員が、タバコを喫って道を歩いていたと。

演習を終えて詰所に戻るとき、ホッとしてタバコを喫ってしまったところであろうか。

消防団は、常に市民の目に晒されている。なにかあれば、こうやって通報される。消防団の服を着ているかぎり、公務中だという自覚を持たなければいけないのだ。

消防団に対して「好意的」な苦言をいただくことが、よくある。こうしたら消防団への誤解が少なくなるのじゃないかという、消防団の苦労を理解してくれたうえでの苦言だ。

やはり多いのは、ハメを外しすぎるな……ということ。

高齢化傾向とはいえ、やはり若い団員が多い。若いエネルギーが集まれば、ついケンカもしてしまうだろうし、コンパニオンさんのいる飲み会になれば、チョッカイを出し

てしまったり泣かしてしまったりということもありそうだ。

消防団になったので破廉恥になったわけではなく、若さゆえの行動であることはわかるが、世間の人には「ああ、だから消防団は」と思われてしまいそう。それが悔しい。あんなにいっしょうけんめいに訓練し、ときには命がけの活動をしている団員たちが、その評価の前に「ああ、だから消防団は」と言われるのでは、せつないではないか。

世間にほめられたくてやっているわけではないが、けなされながらやっていくのは、ちょっと辛いではないか。

トピック

消防団活動

その地区の消防団によって多少のちがいはあると思うが、わたしの経験を例にして、消防団の活動を書いてみよう。

わたしの住む新潟市の場合では、まず「新潟市消防団」という大きな組織がある。その中に八つの方面隊があり、そこは七十三個の分団・四百四十五個の班でできている。団員数は六千人余り。

最小の単位が班であり、それは町内会など自治会単位で組織されることが多い。たとえばわたしの地区では、基本的に定員十三人で一つの班が構成され、団員はその一員になる。その班が集まって一つの分団。その分団が集まって団になる。

班単位での主な活動は、まず月に二回のポンプとサイレンの点検。ポンプもサイレンも定期的に動かしていないと、動かなくなるのでこれを省略することはできない。消防積載車に積まれている小型ポンプを動かし不調がないかを点検し、また非常用のサイレンを鳴らしてモーターの固着を防いでいる。

そのほか、毎月の定期的な夜警。ちいさな消防自動車に乗って「かんかん!……かんかん!」と鐘を鳴らし、またマイクを使って広報をしながら担当地域を回る。ほかに、祭りの夜、お盆、正月など、人の動きが多いときは防火だけではなく、警備の意味もこめて巡回する。

また消防署からの依頼により防火週間の広報や、火災多発時には臨時に広報の依頼がくることもある。台風、大雨、洪水など、警報が出たときは地域を広報活動で巡回する。

もちろん、担当地域に火事があったときなどは消火活動にあたるし、火が消えて消防署の人たちが帰ったあとも、何時間かそこに待機し、警備する。一旦消えたと思っても、まだ火種が残っていてくすぶるということがよくある。

ほかにも行方不明者の捜索(最近では認知症の老人の徘徊が多い)などや、町内会の火を使う行事にも呼ばれる。

　以上が班としての活動であるが、その上の組織「分団」や「団」としての活動もある。たとえば、正月の出初め式。春秋の演習。水防などの各種訓練。

　個別の班の活動だけではなく、分団単位の演習にも参加する。また演習に参加するだけではなく、その準備や後片付けもある。

　花火大会の会場の警備も消防団が出るところもある。本当は自分も子どもたちといっしょに枝豆でも食べながら花火見物をしていたいのに、長袖の作業服を着て汗かきながら会場周辺を見回って歩く。

　そうそう。日本にもサッカーのワールドカップがやってきたことがあったが、地元のサッカー場で試合があるときは消防団も会場から半径数キロ圏内を警備していた。フーリガンの危険な行為を抑えるためだった。

地元でのサッカー観戦を楽しみにしていた団員もいたのだが、その日は警備になって観戦できず、たいへん残念がっていた。

お父さんは消防団員

ある休みの日の夕方、消防団員の彼は息子を連れて買物に出かけた。息子にゲームを買ってやる約束をしていたのだ。日ごろ遊んでやれないせめてもの罪滅ぼし。

しかし、家を出てすぐのところで、対抗してきた車が自転車と接触する場面に遭遇した。自転車が倒れ、乗っていた初老の男性がうずくまった。彼は、すぐに車を停め、子どもには「ここでちょっと待ってろ」と言って被害者のところに駆けよった。

大丈夫ですか？　と声をかけた。しかし、返事がない。呼吸はある、心臓も動いている。頭を打ったのだろうか。

車の運転手は若い女性だった。心配そうに立っている彼女に「119番お願いします」

と声をかけた。ハッとして、彼女はスマホを取りだし救急車を呼んだ。

彼は道路に立ち事故を知らずに走ってくる車に減速するようサインを送りながら消防団の班長に電話し、すぐに現場にきてくれるよう伝えた。陽は暮れはじめ、あたりが暗くなってきていた。

ほどなくして班長と副班長の乗った小型積載車が現場に到着。団員たちも続々と集まってきた。

セーフティコーンを道路に並べ、走ってくる車に危険を知らせ、交通誘導をした。男性の意識が回復したようだ。よかった。救急車のサイレンが聞こえてきた。これで大丈夫か。パトカーもやってきた。二台の赤色灯があたりを賑やかに照らしていた。

その後、彼は目撃者として警察から事情聴取を受けることになり、結局その日は、子どもとゲームを買いに行くことができなかった。

「約束、破っちゃってゴメンな」と息子に謝るが、事故に驚いたのか、息子はなにも言わない。

翌日、その事故のことを彼の子どもが先生たちに教えていたそうだ。

「おじいさんが、死んだみたいになったんだよ。でも救急車とパトカーもきたときには元気になっていた」と。

「オレのおとうさん、消防団なんだよ」と、ちょっと得意げに話していたらしい。

火事がない

我が新潟市は全国的にも一、二を争う火災発生率の低さを誇っている。それを聞いて「じゃあ、火事がなくてヒマだろう」と言う人がいる。冗談で言っているのならこちらも笑っていられるが、ほんとにそう思っている人もいそうなので書いておく。

火を消す以上に、火を出さないということが重要なのだ。消防団や消防署が、火を出さないために、どんなに忙しい思いをしているか。

消火栓や防火井戸の点検。住宅用火災警報器の各家庭への普及活動。避難訓練。初期消火訓練。また、年末年始やお盆やお祭りなど、人々が浮かれて油断して防火が手薄になりそうなときには、消防自動車に乗って「カンカン」と鐘を鳴らしながら地域を見まわっている。鐘の音で火が消えるわけではないが、鐘の音で防火の気遣いが出てくるのは確かだ。

そういう努力を知らないで、火事がないからヒマでいいと思われているとしたら、それはちょっと悲しい。

特別職地方公務員

我々消防団の立場は「特別職の地方公務員」となっている。

普段の活動で我々が「公務員」であることを意識することはほとんどない。あるとしたら、わるいことをしたときであろうか。

これを書いているたったいま、「消防団員が飲酒運転で事故」というニュースが流れてきていた。消防団活動をしている真最中に飲酒運転で事故を起したわけでもないのだが、公務員の事故だからであろう。何度も「消防団員が飲酒運転」という言葉が出てきて悲しかったが、これが現実なのだ。

たとえばわたしが仕事で大きな賞をもらったとする。そのときに「消防団員のフジタが受賞」というふうには報道されることはない。しかし、もしわたしが法にふれる行為をしたならば、「消防団員のフジタが……」と報道されることになるのではなかろうか。

職業病?

消防団になると、消防車のサイレンの音に敏感になる。

どんなに疲れて寝ていても、遠くからサイレンの音が聞こえると目が覚める。消防団に入るまではそんなことはなかった。

消防団での階級が上がるにつれ、その音に敏感になっていくような気がする。年齢とともに高い音が聞き取り難くなってくるそうだが、サイレンの音は雑踏の中からでも耳が拾う。

すぐにネットや電話で現場を確認し、自分のところでないと知り、そちらの担当の団の人には申し訳ないが、正直ホッとする。がんばってくださいとエールを送る。

幽霊

幽霊と言われる団員がいる。

名前だけ登録されているが、けっして団活動には顔を出さない団員のことだ。ほとんどの団員は、よほどのことがなければ真面目に出動する。しかし、幽霊は出てこない。

登録してあるということは、数に入っていることになる。しかし、顔を出さないから、その幽霊のぶんをフォローしなければいけない団員たちがいるという現実。たとえば五人でやる作

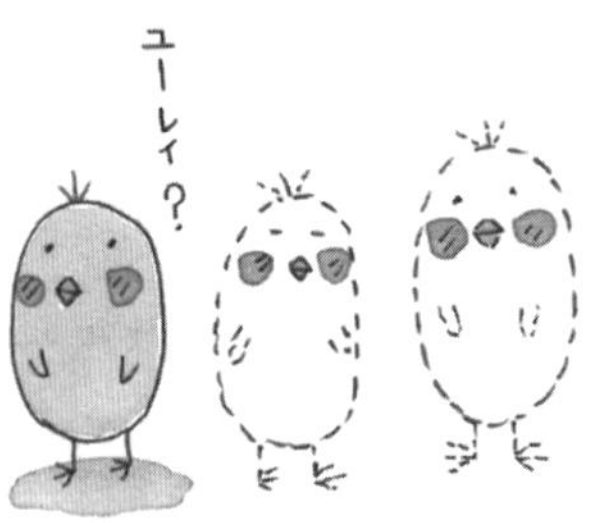

業を四人でがんばってみたり、持ちまわりの仕事が一人分早くやってきたりするわけだ。

そんな幽霊にも、退団するときには退職報償金が出る。そんなときは、しっかりもらっていくというから、腹が立つより先に哀しくなる。

ちょっと険悪

わたしは比較的穏やかな人間だと思う。アタマにきたからといって、人前で大きな声を出すのは好きじゃない。講演会などでは、マイクのボリュームをあげられてしまうほどの小さな声なのだ。大きな声を出すときは、演習で号令をかけるときくらいのものかもしれない。

しかし、ときには我慢できずに声を荒げることがある。それは、うちの消防団員の悪口を言われたときだ。

もちろん、悪口を言われるたびにケンカをするほど節操がないわけではない。消防団のことを知らない人が言うのは、ある意味しょうがないと思うこともある。そんなときは、聞く耳を持っている人にはていねいに説明するし、最初から聞く耳を持たず悪口を言いたいだけの人には「あーあ、オレはこんなの相手にするほどヒマじゃねーし」と心の中でつぶやいて去って行くことができる。

しかし、責任ある立場の人が消防団のことを知ろうともせず、ただ思い込みで悪く言ってくるときは、我慢できず感情的に応酬してしまうことがある。

以前、ある会合の場で「消防団は自治会からもらっているお金をどう使っているか？」と聞かれたときのことだった。

こちらがていねいに説明しているのに話の途中で、その会合に出ていた一人から「どうせ、こればかりだろ？」と酒を飲む仕草をされたときにはプチッとキレた。

「なに言ってるんですか！　ちゃんと消防団を見ていてそう言っているんですか！」と。その場の雰囲気がわるくなったが、わたしの気持ちは収まらない。

「なんにも知らないで思い込みで言ってるんじゃないんですか？　そうだとしたら、これから消防団が活動するときに、顔を出して見てみてください」と、かなり大きな声を出してしまった。

あとで座の雰囲気を壊してしまった失礼は詫びたが、そのときに言った言葉には後悔はない。もしかしたら、軽い冗談で言ったことなのかもしれないが、苦笑いで看過する気にはなれなかった。

カッコいいこと言わせてもらえば、わたし個人のことを言われたのなら悔しいけれど、まあほっとけばいい。しかし、消防団や団員のことを責任ある立場の人がすべてわかったような顔で悪く言うのが我慢できなかった。

これからは、早朝の操法の訓練や休日のポンプ点検、井戸まわりなど、そのたびに見学にご招待したほうがいいのかもしれないと思った。知らない人は、ホントに知らないのだ。まさか消防団が「いいこと」をしているなんてことを想像もしていない人が、公の組織の役員をしていることもあるのだ。そして、自分のイメージだけで消防団を悪く言う。

そんなときは、分団長として黙っていてはイカンだろうと思った。

「命を懸ける」なんてことは言うな

市の教育委員会の要請である中学校へ行き「命の授業」をさせてもらっている。

そこで、「命を懸ける」話をさせてもらった。

命を懸けるって、簡単じゃないです。

皆さんは、滅多なことで命は懸けないでください……と伝えた。

地震が起きたとき、命を懸けた消防団員の話をさせてもらった。

命がけで水門を閉めに行った消防団員。

命がけで半鐘を鳴らし続けた消防団員。
命がけで「皆さん、逃げてください！」とマイクを握って叫び続けた消防団員。
大勢死んだ。命を守るために命を懸けた。

命を懸けるのは、滅多にないことなんです。
それは
誰かの命を守るとき。
自分の命を守るとき。
命を守るために命を懸けた。

その話をしたあと、消防団員の父のことを「いっしょうけんめいがんばっている」と感想を書いてきた子がいた。

わが子に認められた消防団員がいたということが、うれしかった。

今どきの若い者

昨夜は地元消防団の班長さんたちと班長会議のあと飲んできた。

わたしたちの分団は十班あって、全員で一五〇名ほどの集団である。

班長さんたちは、自分たちの班をまとめなければならない。ときには自分よりも経験年数の多い年上の団員にもいろいろと命令をすることになったりもして、なかなかたいへんな役目である。

その上の役目として部長さんが四人いる。

部長さんたちは、各班長さんたちに上からの話を伝え、また班員さんたちの話を上に伝え、ようするに中間管理職でときには上から下から責められる役目でもある。

みんなたいへん。

たいへんだけど、やってくれている。

彼らの中に、自ら志願して消防団員になった人はいるだろうか？

わたしの知るかぎり、いない。

誰かがやらなくっちゃいけない消防団。その誰かが（自分の意志ではなく）自分になってしまった彼ら。それからは、プライベートな時間を削り、また仕事の時間を削り、がんばってきた。

自分たちが子どものころ、オトナの消防団に守ってもらったから、こんどはオトナになった自分が、年老いた先輩と子どもたちを守らなければいけないんだって言われてがんばっている。

「今どきの若いもん」は、いつの時代も、とってもステキだと思う。

映画化決定!

あれは、前作「オレたち消防団!」が売り出された直後のことだった。

四月一日の早朝に、「オレたち消防団!」映画化決定! 主演:緒形直人とFacebookに書いたら、かなりの人がホンキにした。それだけ、待たれていた本なのかなと思った。もちろんその日のうちに白状したが、その後も「映画化を楽しみにしています」というメッセージをいくつかいただき、しまいには「がんばります」と返事をしている自分。ああ、オオウソツキ。

じつは、あまり知られていないが、消防団の映画はこれまでにも何本かある。残念ながら、大ヒットとはならないようだ。かなり面白いのであるが。

ラジオで語る

前作「オレたち消防団！」が出版されたとき、地元のＦＭ放送局に呼んでもらった。番組は遠藤麻理ちゃんのモーニングゲート。新潟では県民の五人に四人は知っている（たぶん）というくらいの大人気のナビゲーターなのだ。

ご本人の自画像

その日は、前髪を下ろした遠藤麻理ちゃん、いつものようにかわいいのだが、限りなくスッピンであった。その日のゲストによって化粧の質が変わると言われているが、わたしがスタジオに呼ばれるときはスッピンであることが多い。

その番組で消防団に対する熱い想いを語らせてもらった。なんでも好きなこと言っていいということだったので、ホントに思ったことを遠慮なく言わせてもらった。

言った内容は「オレたち消防団！」の中身から持ってきたものであるけれど、それがリスナーには新鮮だったようだ。消防団自体を知らなかったり誤解していた人たちが大勢いたからだ。

番組を終了し、すぐに車で帰ったのだが、家に帰りつくまでの間に放送内容への感想がたくさん届き、その場で読まれた。嬉しかった。

「よく言ってくれた！」と喜んでくれた現役消防団員さん。

これから旦那さんが消防団に入るので、旦那さんが悪の道に足を踏みだすのじゃないかと心配していた新婚の奥様からの「安心しました」というお礼のメール。

そして消防団の宴会に出ているという現役コンパニオンさんからもメールをいただいた。「団員さんたちは自分たちの休みを使って厳しい訓練をしているのです。そのあとにお酒くらい飲んだっていいじゃないですか。わたしたちはそれを癒すお手伝いができてうれしいです。それに彼らはとても紳士的です」というような内容だったと思う。

「フジタさんはいまこれを聴きながら、きっと嬉し泣きしていますよ」と麻理ちゃんが言っていたが、ほんとにそうだった。運転しながらジーンとなって困った。

消防団と金

公金を使って、われら消防団があたかも不正な飲み食いしていると言われることがある。

ある県のある市で、「消防団員たちが公金を使って酒を飲み、コンパニオンを呼び、しかもタクシーに乗って家に帰った」という主旨の告発を記事にしている新聞があった。

読んでみて呆れた。いや、呆れた対象は消防団ではなく、それを告発した人と新聞社にたいしてだ。

どう見ても消防団員たちが自分たちの飲酒や娯楽のために公金を不正に流用しているみたいな記事だった。

消防団員たちの手当

消防団員たちは特別職地方公務員だ。特別職というと、特別に待遇のいい公務員みたいに思うかもしれないけれど、どちらかというとその反対。

その地域によって差はあるだろうが、わたしの所属する新潟市の分団では、一日活動して三千二百円の日当が出る。時給で計算すると……虚しくなるのでやめておこう。

サラリーマンの団員は、ときには上司や同僚に頭を下げて仕事を休み消防団活動をすることもある。

自営業の人たちは、消防で使った時間を、業務終了後の夜間や休みの日に仕事をして、なんとか調整している。

そのナケナシの報酬を貯めて開催する飲み会が、良識派（?）の人たちからは目の仇にされるようだ。

「公金から出ている金で飲んでいる」と。

「宴会が終わったら、贅沢にもタクシーを使って帰った」と。

開き直るわけではないが、それがなんだ？

消防団活動で公金から団に支払われるものは、ほとんどが団員への手当なのだ。つまり、特別職地方公務員として彼らが働いて得た報酬だ。それを貯めて、たまに「お疲れさま。これからもがんばろう」と飲んで、それのどこが悪いのか。

消防団＝タダ酒。消防団＝宴会でコンパニオン呼んで風俗。そんなふうに決めつけていたから出てきた告発だとしたら、かなり情けない。

コンパニオンの皆さんの名誉のためにも書いておくが、彼女たちは法に触れるような淫らな行為をするために呼ばれた人たちではない。お酒の席での接待をお願いして呼んでいるのだ。

また、酒を飲んだらタクシーに乗って家に帰るのがどうしていけないのか。何度も言うが、自分たちが正当に得たお金なのだ。自分たちの貴重な休日を使い、あるいは仕事を休んで地域のために働いているのに、それなのに人間性を否定されるようなことを言われてしまう若い団員たちが、わたしには不憫でならない。

もう一度書くが、税金を不正に流用し、自分たちの飲食や遊興費に使っているのではない。彼らは、自分たちの稼いだ報酬を貯め、それを使っているということを知ってほしい。

元は公金だった報酬を使って飲食したりタクシーに乗ったりはいけないことというのなら、特別職の公務員である議員さんも、自分の報酬は飲食には使えないということか。もし、公金からいただいたお金は全額寄付しているというのなら、それは「立派！」であるが。

階級が上がるにつれ

階級があがるにつれ、甘い汁どころか苦い汁が増えてくると書いた。そこをもう少し詳しく書かせてもらおう。

階級が上がるにつれ、一般団員を働かせ自分たちは口だけ動かしていればいいわけだし、手当などの資金も入ってうまい汁を吸えるんじゃないか言われることがある。その汁の味に個人差はあると思うが、わたしに限って言えば「かなり苦い」だ。

誰かが代わりにわたしと同じこともしくはそれ以上の活動をしてくれるというのなら、いつでもどうぞと思う。その代わり、覚悟を持ってやってほしい。

いまのわたしの立場は分団長。その下に副分団長。またその下に部長が四人。そして十人の班長がいる。

入団したばかりの頃は、「気をつけー」だの「整列休め」だの号令をかけられ、「体育の授業じゃあるまいし、めんどくせー」と思っていた。ナンダカンダと仕事を言いつける班長を見て「いいよなあ、雑用一般、みんなオレがやらないといけないんだもんなあ」と嘆いていた。

そして年数が経ち自分が班長になった。

楽になるかと思ったら、そうではなかった。

部長からの連絡事項を班員に伝え、それをとりまとめ、また演習や出動の人員確保をしなければいけなくなった。「いいよなあ、部長は言うだけなんだもんなあ」と思っていた。

そして、部長になった。

なるべく団員の苦労を減らすべく、各種活動は幹部が率先して出ていかねばならぬことを知り、土日の休みがどんどん減っていった。分団長からの伝令を班長に伝え、また班長からの意見を分団長に伝え、間に立って苦労した。「いいよなあ、分団長は言うだけだもんなあ」とうらやましく思った。

分団長になった。

毎日のようにFAXがくる。電話も日に何度もくることもある。消防署との会議もある。分団での会議もある。演習がある。操法大会がある。出動人員のノルマもある。平日なのに〇人集めろなどと連絡がくる。みんな勤め人なのに、簡単にFAXで要請される。とにかく行事が多い。とくに五月六月がとんでもなく忙しい。五月に入れば操法大会の訓練が毎朝のようにある。四時に起きて四時四十五分集合五時開始。そして幹部会議に水防訓練に班長会議。防火祈願祭に、春季演習に地元小学校での救命救急講習会。そして操法大会本番もある。それらの人員確保に頭が痛い。

わたしの頭の中のかなりの部分が、消防団のことで埋まっている。

生業とまったく関係のない用事に頭を悩ませていることが、ときにシャクにさわる。もうちょっと大雑把にできればいいのだが、それはできない。かなりいっしょうけんめいにやっても、どこかにほころびが出そうで怖いから手を抜けない。幹部のみんなには既にたくさん仕事をやってもらっているから、丸投げもできない。「あああー!」と頭を抱え「だから分団長なんかになりたくなかったんだあ」と心の中で叫んでいたりする。

消防団の中に甘い汁なんてワタクシ的にはぜんぜんない。階級が上がるにつれ、苦い汁になると言うのはこういうことなのだ。

まあ、苦いからといって体や心にわるいことばかりではないことも付け加えておく。ビールも苦いけれど、汗をかいたあとはうまいし。

操法大会

消防団のイベントの中に、操法大会というものがある。

「消防団の技術向上と士気の高揚を図るとともに、消防活動の進歩充実に寄与することを目的とし、日頃の訓練により培った消防操法技術を競い合う……」という崇高な目的のある大会なのだ。

だがしかし、それがけっこう辛いのだ。まず、大会のための訓練が辛い。そして、プライベートのみならず、睡眠時間まで削って訓練時間を確保しなければいけないのが、辛い。だあら、この操法大会が消防団員の負担になっているという事実は、少なからずある。

しかし、それでもやる。

モンク言いながらでも、やっている。ほんとうにイヤならいくらでも手を抜くことができるだろうに、本気出して辛い訓練を続けている。

それはなぜか。わたし自身もしっかりとした答えは見つけていないのかもしれないが、それに近いものは感じることがある。

消防団の朝の訓練につきあって十数年。そのときどきに書いてきたエッセイを載せておこうと思う。ひとつの班の話として物語を作ってしまったほうが読みやすいのかとも思ったが、この本は実話集なので、今回はそのままでいく。そのほうがリアルにそのときどきのことを伝えることができるだろう。

時系列に沿ったような形でエッセイを繋げていってみようと思う。操法の開始時間のことなどが重複したり、年によっては訓練内容などに若干の違いなど出てくるところが何ヵ所かあるが、そのあたりはお許しいただきたい。

またはじまった

わたしの所属している分団は、毎年操法大会に出ている。

毎年といっても、小型ポンプ積載車は九年に一度の持ちまわりだし、消防自動車は一年ごとの出場となるのだが、その指導に部長以上の幹部たちは毎年参加するわけで、これがなかなかたいへんなのだ。

朝の四時に起きて四時半に集合場所に着き、五時に開始というのが、我々の一般的な訓練時間となる。団員一同、消防団以外に仕事を持っているから、それ以外に訓練する時間の確保が

し難いのだ。

「いやー、三時間しか寝てないっす。四十過ぎると連日はきついっす」と部長たちは言う。たしかにきつかろう。しかし、わたしも負けていられない。「いやー、オレなんて六十近いし、すげーきっついわー」と最年長はさらに疲れるということを自慢してイバる。いや、ほんとにキツイ。

この操法訓練がないと、我々幹部も少し楽になるんだけどなあと思うことも本音。しかし、これがなくなったら失うものも多いよなあと思うのも事実。

失うもの……それは、いまそれを言葉にすると「そんなもん、ほかに代替できるだろう」と言われてしまいそうなので、まだ書かないでおこう。あとのほうで書いておくので、見つけてほしい。

操法大会は、小型ポンプは四人、車は五人でやる団体競技だ。

その競技を簡単に説明すれば、節度を持っていかに早く正しく火を消すことができるかということだ。
ただやみくもに筋肉を使いホースをひっぱって水を出せばいいというものではないから奥が深い。

ヘラヘラ笑わん！

消防操法の新潟市大会がもうすぐだ。
わたしたちの分団は、毎年各班の持ちまわりで大会に出る。
小型ポンプではじめて操法をやる選手がほとんどだ。

やっぱりちょっとばかり基礎ができてないので節度が弱いのだけど、だからといってそれを言い訳にしてヘラヘラ笑って手を抜く気はない。

操法なんてやっても意味がないんだから、ヘラヘラしながらテキトーにやって終わりましょ……っていう班があるなら、それもしかたないのかもしれない。そのあたり、班の考えであるから尊重しなければいけないのかもしれない。

もっとも、そんな班ばかりになるようなら、わたしには団員の士気をあげる力がないのだと判断し、責任をとって辞表を出すつもりだ。

幸いなことに、わたしの所属する分団の愛すべき団員たちは、みな根性がある。うまくできなかったら、うまくなろうと努力する根性がある。これまで見てきた班、みなそうだ。

だから、一生懸命に結果を狙おう。こんなに悩んで、こんなに苦労して、こんなにカラダ弱らせるほどがんばったんだから、結果がすべてじゃないさ……なんてことは、終わるまで言わないことにしような。

ハッキリ言ってまだまだ下手だけど、選手はがんばってる。指導する部長たちもがんばってる。サポートする班員たちもがんばってる。がんばっているんだから、やっぱりいい結果を出そうぜ、なっ。

そんなこと思いながら、今日も眠気と戦い早朝訓練だ。みんな、がんばる。がんばっている。

消防団のおとうさんたち

いまの若い団員さんはこんなの知らないだろうなあと思いつつ、早起きするたびに「アムステルダムの朝は早い」という言葉が出てきて苦笑する。そして「ダバダー♪」という歌声。インスタント・コーヒーのコマーシャルだった。「アムステルダムって黒部ダムよりも大きいのかなあ」とマヌケなことを思っていた子供時代、ボクタチを災害から守ってくれていたのは、消防団のおとうさんたちだった。

勧誘されたのは二十八歳のとき。先輩に説得されているわたしのそばに、妻と生まれたばかりの娘がいた。断わりきれずに志願した。

入団していちばんキツイと思ったのが、操法大会の訓練だった。火事がおきたときに、いかに迅速に行動できるかというのを競うわけであるが、この訓練がキツイ。みんな勤め人だから、全員が揃うときとなると早朝しかない。だから朝早く起きて、仕事に出る前に訓練するのだが、半月もすると体が寝不足でおかしくなってくる。日中の仕事は同じよう

にあるし、夜も同じようにやることがある。起きる時間だけが早くなっているのだから、体が弱ってくるのもアタリマエだ。

一般団員を卒業したいま現在のわたしは、彼らのように走りまわるようなことはない。しかし、訓練には顔を出しているので、やはりそれなりに辛い。

訓練期間中は朝四時に起きてパソコンのメールチェックをしつつコーヒーを飲み、一息ついてから小学校のグラウンドに行く。「うーすっ」なんて挨拶しながら彼らの練習に口出ししているだけなのだが、競技に出る団員は、朝飯前の早朝に全力疾走しながら重たいホースをかついでいる。

そのときの手足の上げ下ろしまでわたしたち古株に厳しく指導される。毎朝二時間全力疾走しても、彼らに現金での報酬はない。一円だって貰えない。途中の休憩で缶コーヒーが一本出るだけだ。

「消防団ってとこはさー、よーするに火を消せばいいんでしょうが？　なのに、どうしてイイトシしたオヤジがキョーツケなんてバカみたいなこと訓練するんですか?」と、ときには団員に言われる。

そうなのだ、わたしも入団したての頃はそう思っていたんだよなあ。「まあだまされたと思って、これから二ヶ月訓練してみてくれよ」と言って我慢してもらう。

二ヶ月のあいだに、無理がたたって熱を出したりギックリ腰になったりする団員もいる。

でも、苦労したかいがあって、みんな糸で繋がっているようにキレイに動けるようになってくる。いつのまにか体が覚えている。

大会が近づいてくると、はじめのころはモンク言っていた団員も、「こうなりゃ勝ちましょう」という目になってくる。

そうなんだ。「いっしょうけんめいやったのだから負けても悔いはない」なんてことはないのだ。いっしょうけんめいにやったのだったら、やっぱり勝ったほうが楽しいのだ。

よし、がんばろうぜ、消防団のおとうさんたち。

消防団　朝の訓練

所属するところによってちがうのであるが、わたしたちの分団では、毎年五月のゴールデンウイークあたりから操法大会のための早朝訓練をはじめる。

朝ではなく、夜やるところもあるが、団員の勤め人率が高いわたしたちのところでは、残業や営業だのがあって夜では人が揃いにくい。だから、出勤前の早朝に集まって訓練することにしている。


毎年、その時期がくるとやっぱり疲れる。


朝の四時四十五分ごろに訓練場所の小学校グラウンドに着くと、ちっちゃな消防車がすでに停まっている。そして班員さんたちが器材を下ろして地面に並べている。

五時ちょうどに班長が「集まれ！」と集合をかけ点呼をとる。そして訓練開始というパターンなのだ。

今朝は選手の一人がこなかった。前日に連絡がないから、きっと寝坊したのだろう。

彼のケータイに電話をしてもらう。が、出ない。

「じゃあ、だれか家に迎えにいってくれないか」と言うと、二人の団員が家に向かった。

しかし、すぐに戻ってきた。

「本人、寝ているみたいです。出てきたオフクロさんの話では、昨夜の仕事が遅くて二時すぎに帰ってきたそうです。『疲れているだろうからこのまま寝せておいてくれ』と言われたので、オレたちそれ以上はなにも言えませんでした」とのこと。

う、うん、それならしょうがないな。

親が出てきて「寝かせておいてくれ」と言うのならしょうがない。たしかに二時まで仕事してたのなら、こんな時間には起きられないよなあ……と、みんなで納得していた。

しかし、心のどこかでは「それでも、オレなら起きるよな」と思っていた。

だって、選手が一人欠けると、ほかの人たちに迷惑がかかるのだから。これは全員揃っての訓練が大切なのだ。

「よっし、じゃあ一人足りないけど気合入れていこう！」って、ちょっとばかりテンション下がり気味ではあったが訓練をはじめた。そしたら三十分くらいしてからだろうか。

……彼がきた。

「すみませーん。目覚まし鳴ったの気づかなかったー！」と青ざめて走ってきた。きっと、目が覚めてビックリして、慌ててやってきたのだろうな。髪の毛がボサボサだ。

母親に「寝ていろ」って止められたんだろうなあ。そして、それでもきちゃったんだろうなあ。ばかやろーだなあ。

訓練の休みは、選手たちが決める。疲労を溜めないよう、自分たちで判断して適宜休みの日を作れと言ってあるのだが、なかなか休もうとはしてくれない。ほんと、ばかやろーだなあ。

自慢する

わたしの所属する消防団の分団では、ゴールデンウイークのころから七月のはじめまでほとんど毎朝操法大会の訓練をやっている。しかし、一年中訓練しているところもあるのだから、こんなんじゃ自慢にはならない。

ちょっと前までは、正しい「気をつけ」や、「右むけ右」も満足にできなかった選手たちだ。それがだんだんとサマになっていく。

現場でいかに早く消火活動できるか、そのための訓練である。みんな他に仕事をもっているわけで帰りの時間が揃わない。だから一斉に揃って訓練できるときが、早朝の時間帯だけしかない。

いつもは土のグラウンドでやるのだが、今日は雨だったので小学校の体育館の下のピロティでやってきた。

自慢するのは好きじゃない。

でも、今日は自慢させてもらう。彼らって、すごいだろ。いまどきの若い者はすばらしいのだ。眠たくっても、やってくる。寝起きの髪の毛ボサボサでやってくる。

だれかがやらなければいけない役目が自分のところにきたのだと思って、がんばっている。いまどきの若いもんはすばらしいんだ。

負けられないぞ、いまどきの若くないオレたち。

あきらめられない

操法は団体競技である。

ひとりひとりに審査員がついて採点されるのであるが、ひとりだめになれば競技は成立しない。

訓練を積んでいくうちに、選手たちに責任感が出てくる。自分が休むとほかのメンバーの訓練に滞りが出てくるので、休めなくなる。体をこわしても、病気になっても、「大丈夫だから休め」と言っても休まなくなる。しょうがないので、班全体の訓練をしばらく休みにすることもあるのだが、そうすると、こっそり自主的に訓練していたりするから困る。

ある大雨の日、右目に眼帯、そして大きなマスクで左目だけしか出ていない怪しい男がやってきた。小型ポンプ操法の指揮者だ。結膜炎と喉の炎症がいっしょに出てしまってそんな姿になったそうだ。

ふつうは休むだろうと思うが、そんな姿になってもやってくる。彼も、これが個人種目だったら休んでいたかもしれないが、自分のためにみんなの訓練に迷惑をかけられないという責任感で休めなかったのだと思う。

「くるんじゃねーよ」と言ったら「はい……」と笑った。しかし、やっぱり次の日もきた。

そんな姿を見ているから、ほかのみんなもがんばる。最初のころの嫌々ではなく、自発的にがんばろうという気になってくる。

バカやろーなヤツ

ゼッケンに「指」と書かれているのは指揮者のこと。

訓練中に散歩にきている近所のばあちゃんたちが「指ってなんだろうね?」「指があったら手もあるのかね」「足はどうするんだろうね」って言っていた。われわれ消防団も朝は早いが、日の出の五時ごろから散歩しているおばあちゃんたちもいるのだなあと感心した。

「指」の指揮者であるが、じつは数日前から足の動きがおかしい。

「おまえ、足痛めてるんだろう?」って聞くと「いえ、だいじょうぶっす!」としか答えない。何度聞いても同じ返事で困ったものだ。

指揮者が休んでは訓練にならないのだけれど、体を壊してまでやるようなことじゃない。彼にだって仕事も家族もあるのだ。消防団の大会ごときに人生を賭けてはイカンだろ。

それなのに、「だいじょうぶっす」としか返事をしてくれない。みんなに迷惑をかけたくない一心なんだろう。その気持ちがわかるから、それ以上は誰もなにも言えなかった。

その彼が、今日の訓練で「藤田さん。オレじつは足が……」と言ってきた。よほど悔しかったのだろう。声が震えていた。肉離れしたまま隠していた。こんなになるまで我慢するんじゃないよ、バカヤロ。

ちょうどいい。みんなも疲れていたころだ。ここらで一週間ほど休みにしよう。オマエのおかげで助かったよ、ありがとう。しっかり治せよ。

＊実際は、彼以外の団員はナイショで自主的に訓練していたので、休みはしなかったようだが。

朝日のなか

朝日を浴びながら、毎朝操法大会の訓練をしている若い団員たち。

なかなか辛い。

みんな、消防とは関係のない職業についている人たちだ。訓練のための手当が出るわけでもない。出るのは缶コーヒーだけ。

だれかがやらねばならない役目。その誰かが、彼らだったというわけだ。

本日、新潟市江南方面隊春の防火演習。操法大会の本番は来月なのだが、その前のちょっと練習試合という感じで操法を各分団で披露する。

わたしは団員さんたちのがんばりを、ドキドキしながら見ていよう。


努力は……

努力したら必ず報われるかと言われれば、残念ながらそうではない。本番で失敗して涙した場面は、これまでに何度も見た。だからといって、努力しても意味がないかと言われれば、それはちがう。

努力は成功の確率をあげてくれる。けっして一〇〇パーセントにはならないけれど、それでも努力したぶんだけ成功の確率が一〇〇パーセントに近づいていく。だからみんな努力する。

神様は……

神様は、祈ったヤツを一方的に味方するほど不公平じゃない。
神様は、一生懸命にがんばって強くなったヤツの味方をするんだ。
だからきっと、キミたちには神様が味方する。がんばれ。

これまでずっと、操法大会のために早朝からの辛い訓練をやってきた。長いことたいへんだったろう。眠たかったろう。よくがんばった。

◇

わたしの関係したチームに限らず、すべてのがんばってきた消防団員たちが、本番で不運に見舞われませんようにと願う。みんな、がんばれ。

操法大会の本番

団員たちが我慢に我慢をして技を磨きあげてきた成果を試す日だ。そんな日は、我々幹部も大会を休めない。いや、もし平気で休めるようなら、消防団には残っていない。彼らの訓練を見てきた立場のものとして、その結果を見とどける責任と義務と権利がある。

それは、いつも恐い。
自分がやるわけじゃないのに、ドキドキしてしまう。

一回だけの本番。
何回かやって平均点で審査してもらえるというのならば、まだ楽だ。しかし、本番のたった一回だけが評価される。

どんなに訓練しても、ミスは、出るときは出る。そのミスの出る確率をさげるために訓練をする。

訓練してもしてもしても、当日完璧にこなせるという自信がつかない。その自信を持つため、不安を消すためにまた訓練を続ける。団員たちはそんなことをくり返してきたのだ。

「その日だけなんとかやっちまおうぜ。ビリでいいって、テキトーにやっちまって終わりにしようぜ」というふうな気持ちで出場する班には、わたしは幸いなことに出会ったことはない。

だから、いつもドキドキして彼らを見つめる。

悔しがれ

今回の彼らは三十八チームの七位の敢闘賞。

ホース展開にミスが出て入賞を逃した。

ヤツら、がんばってきたから、クヤシイだろうな。

そう、悔しがれ悔しがれ。一生懸命やってきたからこそ、悔しがれ。

四位とは一点差だった。四・五・六位みな同じ点数だった。あと、一秒速く走ったらと、一番員が悔しがる。オレがもう少し早く動けていればと指揮者が悔しがる。ホース展開がうまくいっていればと悔しがる。

そう、努力してきたからこそ、こうやって悔しがる権利があるのだ。

悔しがれ悔しがれ。

でも、悔しいけれど、敢闘賞だって悪い賞じゃないぞ。

うん、よくがんばった。

賛否両論　操法大会

いまのわたしの立場からは、操法についての賛否の「否」の部分を書くべきではないのかもしれないが、ここは客観的な意見としてということで、これまで感じてきたこと、受けとってきたこと、団員たちから言われたことなどなどをまとめて書いていこうと思う。

ひとつ言えるのは、操法をやる、やらない。重点を置く、置かない。優勝を狙う、狙わないなどなど、このあたりはそれぞれの考えでいいのだと思う。

自分たちと考え方のちがう意見も「ああ、なるほど」と尊重できたらいい。自分たちとちがうから、それを論破しようとムキになったりバカにしたりでは、同じ消防団仲間としてさみしいではないか。

操法大会の温度差

操法大会については団毎、班毎、個人毎に温度差がある。その大会に一丸となって燃えることは大賛成だ。しかし、そうでないところの気持ちもわかる。

彼らは言う。

「きー！　もう頭も体もおかしくなっちゃいそう」

「仕事に集中できないじゃないか」

「心身ともに弱る。これじゃまるで消防団じゃなくて消耗団じゃないか」ははは傑作と笑ってばかりもいられない。

体に堪える

操法大会の訓練は、なかなかたいへんなのだ。どのようにたいへんかというと、まずは時間の確保。

さすがになんにも訓練しないで操法大会には出ることはできない。一連の流れも知らずに参加する度胸を持っている団はないだろうと思う。

大会までに数回、団員の休みの日だけ集まって、ちょっと流れを覚えるだけの訓練をして参加するのなら、まあ、わりと楽であろう。もっとも、そうだったとしても、貴重な休みをつぶしてしまって家族には顰蹙《ひんしゅく》モノかもしれないが。

しかし、操法大会に出るほとんどの団は、もう少し濃密に訓練をしている。

わたしの分団の例で言えば、五月のゴールデンウイークのころから七月はじめの新潟市の予選会まで、朝の五時から六時半ごろまで訓練をしている。その年々の出場班によってちがうが、その訓練は一日おきだったり毎日だったりする。朝の五時開始ということは、その前から訓練場所にいって準備をしていなければいけないわけで、結局は朝の四時ごろから起きなければならない。

そんなに早起きしなくても、夕ご飯が終わってからゆっくりはじめればいいじゃないかという意見もあるが、サラリーマンの団員が多いため、夜はなかなか人が揃わない。いろんな職種があり、定時に退社できる人が少ないのだ。

だから、皆が勤めに出る前にならばなんとか揃うだろうということで、早朝の訓練となるのだ。ハッキリ言って、これが続くと体に堪える。朝早く起きたぶん、夜は早く寝ればいいのだが、なかなかそうもいかない。世の中は消防団の訓練があるからといって、それに合わせてはくれない。夜は夜なりに用事がある。だから、寝る時間は同じで起きる時間だけいつもより二時間ほど早くなる。その結果、寝不足で体がフラフラしてくるというわけ。

絆

そう、たしかに体には堪える。それでもわたしをはじめ、分団幹部たちは、訓練の指導に毎年顔を出している。

たぶん団員は「分団長がいるのは気をつかっちゃってイヤだな」と思っているのだろう

が、それでもわたしは顔を出す。

最初は少しぎこちなかったわたしや団員たちの関係も、苦楽を共にしていくことで、だんだんと絆が深まってくる。そして大会のときには、いい成績だったらいっしょに大喜びするし、ダメだったらいっしょに悔しがる。同じ気持ちになれる。その数十日の間に、溝がスッキリと埋まっていくのがわかる。

操法の考え方

勝ちにこだわるか。
過程にこだわるか。

もちろん「勝ち」にはこだわるが、わたしはそれ以上に「過程」にこだわる。「過程」が大事などと言うと、それは勝てないから、訓練したくないからの「逃げ」の言葉と思われてしまうかもしれない。

「いっしょうけんめいやったんだもの、結果がどうあれしょうがないさ」なんて言葉は、いっしょうけんめいにやらないときに出やすかったりもする。

たしかにビジネスの世界は結果がすべてであろう。災害の現場もそう、結果がすべてだ。

しかし、甘いかもしれないが、操法はもっとべつのところに意識を向けてもいいと、わたしは思っている。本番までの途中経過がわたしは好きだ。それまでギクシャクしていた関係が、操法の訓練でぐっと縮まる。団員たちが、その間に一気に成長する。その姿を見せてもらうのが好きだ。

操法の訓練を通じて、班の団結力が強まる。

幹部とその班の人たちにも、強い連帯感が芽生える。

お互いの気持ちがわかる。仲よくなれる。最初はバラバラだった気持ちが、いつしか同じ目的に向かうようになる。

いっしょうけんめいにやったからこそ、いい結果を出したいと思えるようになる。

あんなに苦しんだんだ。あんなにがんばったんだ。だからこそ、いい結果を出したい。

だから勝ちにこだわる気持ちはわかるし、わたしもこだわる。

そして、もし勝てなくても、そのがんばったことはけっしてムダになっていないと思うのだ。

一発勝負

操法の大会は一発勝負。

訓練でどんなによくても、本番で実力を発揮させなければどうにもならない。団員たちの日ごろの努力を知っているから、「どうか、彼らのやってきたぶんだけの力を、今日は発揮できますように」と祈りながら見ている。


自分の団ばかりじゃなくて、ライバルとなるよその団の選手たちのことも、同じように祈りたくなる。彼らががんばってき

たぶんだけ、いい結果になりますようにと願うようになる。

ある一番員

九年前、彼は小型ポンプ操法の一番員だった。

最初は「こんなもん、無駄だろ」と思いながら訓練していた。

火事の現場でいちいち「気をつけ」だの「右へならえ」などしてないだろ。いちいち足の微妙な位置を気にしてホース繋げたりしてないだろ。

本当に時間の無駄。オレの青春を返せという気分。

でも、毎日訓練にきた。サボりたかったけど、年上の先輩たちがきているのに、自分が休んだりはできないと思った。

いつごろからだろうか、訓練をしていくうちに、「こうしたらもっとタイムを縮められるのじゃないか」とか「ここで節度が見られているんだよな」とか、自分の頭で考えるようになっていた。

ある朝、指揮者が顔を腫らしてやってきた。家で操法の自主的な訓練をしていたら敷居につまづいて、顔から柱に突っこんだそうだ。顔面打撲で全治二週間。

部長に「バカヤロ。そんなときは休めよな」と叱られていたが、指揮者はきっと明日も休まない。自分が休むと他のメンバーに迷惑がかかるからきっと出てくる。一番員の彼にも、それがわかってきていた。

気がつけば、選手だけではなく、みんないっしょうけんめいになっていた。最初は手持ち無沙汰にしていた選手以外の団員も、「ほら、どんどんホース展開していいぞー！」と、いつからか気合いっぱいこめてホースを巻いていた。

当時の彼らの下馬評は高かった。

もしかしたら優勝も狙えるぜってくらいタイムも節度も仕上がってきた。

「がんばってきた。がんばってきたからこそ、いい結果を出そう」
そう誓いあって本番に挑んだ。

しかし一発勝負の操法大会。悔し涙を飲んだ。

開始直後、一番員の彼がホース展開するところで手を滑べらせてホースを落としてしまった。まさかのミス。しかし、すぐに気を取りなおして競技継続。タイム的には数秒のロスであったが、点数は致命的な減点がついていた。

「オレのせいだ」と彼は思ったけれど、チームメイトは誰もそのことを責めない。それどころか「あそこであきらめないで、よくがんばったな」とホメてくれた。そして「ありがとう」と言ってくれた。

クヤシイ。一生懸命にやってきたから、クヤシイ。いいかげんにやってきたのなら、きっとこんな気持ちにはならなかった。

がんばってきたのに、そう、オレだけじゃなく、みんなもあれだけがんばってきたのに結果を出せなくて、情けなくて悔しかった。

誰かオレを罵倒してくれ。ミスしたオレを怒鳴ってくれたら、オレも怒鳴り返せるんだ。そうしてくれたらどんなに楽か。

でも、誰も責めない。彼の努力をみんな知っていた。彼の悔しさも、みんな、知っていた。

「リベンジ」

Kは毎朝訓練にきて、選手たちが広げたホースを巻き直したりコースの整備をしたりの下働きをしていた。九年前の栄光の一番員K。

ややナマイキなことを言ったりするところもあったけれど、人並み以上の努力をしていたことを、わたしはよく知っていた。苦しくとも、文字どおり歯を食いしばって走っていた姿は忘れない。

きっとこの班は三位以内、いや優勝だって夢じゃないと言われていたし、わたしもそう思ってた。

でも、大会当日、力が入りすぎて彼は失敗した。本番は一発勝負。やり直しのできない世界だ。

あれから九年。彼はまだ消防団に残っていて、また自分たちの班が操法大会に出る順番となった。

彼は、今回もまた一日も休まず練習に顔を出し、選手のために黙々とホースを巻いた。

そして大会本番の日。

努力はしてきた。

みんな、間違いなく、努力はしてきた。

しかし、努力してきただけでは百パーセントにはなれない。だから、祈る。どうか、訓練してきただけでいいから、力を発揮できますようにと祈る。

「操作はじめ！」

「よし！」

いつもどおりにいけ、いつもどおりに。

実力以上の力を出せなんて言わない。奇跡なんかいらない。努力してきた分だけでいいから。いつもどおりにできますように。

「わかれ！」

指揮者の声を聞いてホッとした。

終わった。大きなミスはない。訓練した通りにできた。

そして成績発表。

彼のチームの名前が呼ばれた。
入賞を勝ちとった。

リベンジを果たした。
やっと終わった。

あの日から、九年かかった。
あの日から、ずっと悔しかった。
彼の長い操法大会が、やっと今日で終わった。

おめでとう。おめでとう。
みんなよくがんばった。おめでとう！

わたしならあきらめていたかもしれない

妙高市の新井高校グラウンドで行われた「新潟県ポンプ操法競技会」に行ってきた。

さすが各地の予選を勝ち抜いてきたチームばかりだ。あの暑い中でも、きびきびと節度をもって競技が進められていた。

その中でも、ひとつ印象に残ったチームのことを書かせてもらおう。

それは、新潟市江南区から出場したS分団のことだ。

彼らがいままでナミナミならぬ努力をしていたことは知っている。いや、わたしの知る以上の努力であったということも想像に難くない。

操法をはじめる準備の段階から、予選大会で見せていた以上のオーラに包まれている彼ら。いい感じの緊張で気合が入っている。この日のために、これまでがんばってきたのだ。

開始申告。そして、指揮者の「操作はじめ!」の号令のあと、三番員の「よし!」から時間計測が開始された。

声援が一段と高くなった。

「がんばれー!」「いけー!」と、ギャラリーからのしぼるような声が聞こえた。

しかし、スタートしてすぐに異変発生。

「あ! どうした?」とみんなが思った。

一番員の止まる位置がいつもより先にいっているようだが? 県大会に進むチームがやるようなミスではあるまい? わたしたちの思考は混乱した。

どこかから声が聞こえた。

「ベルトが落ちてるぞ……」と。

展開した一番ホースの最後のほうに、オレンジ色のベルトが落ちていた。それがどういうことなのか、はじめは理解できなかった。

「バックルが壊れたんだ」と、誰かの声がした。

ごく希にズボンのベルトのバックルが壊れ、ベルトが外れてしまうことがある。しかし、実際にはなかなか想定できないアクシデントだ。長いこと操法大会の指導に関わってきたわたしでさえも、訓練中に一度遭遇しただけだ。

しかし、どんなに想定しにくいアクシデントであろうと、それはもう一番員の落ち度。競技の最中に出てしまっては大減点となる。そんなミスに動転し、一番員は止まる位置を誤ってしまったのだろうか。

それでも競技は淡々と進む。なにも知らないほかの番員は、それぞれが勝つために必死に走っていた。

そして火は消えたとみなされ、各番員は最初の位置に戻るよう指示が出た。

一番員も走って戻ってきた。

わたしは「彼は自分の落としたオレンジのベルトをどうするのだろう」と思って見ていた。もう競技の順位としては致命的な減点をしている。もうこれ以上順位の落ちることのないところまで落ちていることだろう。

わたしなら、そのまま拾わず戻ったかもしれない。もう競技をあきらめて、早く終わらせてしまおうとしたかもしれない。

「もうダメだ、みんなゴメン」と声に出し、そのあとのことは放棄してしまったかもしれない。

しかし、彼は競技を捨ててはいなかった。筒先を背負った不自由な体勢のままその場に至り膝をつき、左手でベルトを拾ってまた走った。

そして、みんなよりもかなり遅れて集合線につき、壊れたバックルを指でこじ開け、ベルトを腰に通しはじめた。その手は震えているように見えた。ふだんなら数秒でできることを、疲れきって震え力の入らない彼の手では、なかなかベルトが穴を通ってくれなかった。

みんな、静かに見ている。

一番員が終わるのをじっと待っている。

だれもなにも言わない。静寂の世界が続いた。

やっとベルトが通り、一番員が姿勢を正したところで、それをずっと見守っていた指揮者が、大きな声で沈黙を破った。


「点検報告！」

それに対し、

「一番員、異常なし！」

と大きな声が響き、そして
「二番員、異常なし！」
「三番員、異常なし！」

と続いた。

彼らの大会は、ちょっとつらい結果とともに終わった。

ベルトを拾っても拾わなくても、負けは負けだったにちがいない。しかし、そのあとに流した涙の価値は大きくちがう。彼らはよくがんばった。悔しいだろうけど、よくがんばった。

わたしは、自分よりもずっと年下の彼らに、とてもたいせつなことを教わった。

消防団と酒

悲しい連動

世間では、悲しいくらいに消防団と酒が連動されているようだ。

消防団員は、四六時中宴会をしていると思っている人がいる。しかも、しょっちゅうコンパニオンあげてドンチャン騒ぎしているようなことを言う人がいるのだが、いつから消防団はそんな金持ちになったというのだ。何度も書いているように、宴会するお金のほとんどは、我々の消防団活動による微々たる報酬が元になっている。

いや、たしかに消防団員たちも酒は飲むのだが（飲まない団員だっているのだが）、酒好きが集まって消防団を形成しているわけでもないし、消防団員になったからといって酒好きになるわけではない。

考えてみてほしい。今の時代、酒が飲みたくて消防団に入るなどという人がいるのだろうか。酒代を稼ぐには消防団では効率が悪すぎる。

消防団に入って酒を飲むには、まずはセッセと消防団活動をして月に二・三千円の微々たる報酬を貯めていかなければならないのだ。そのお金で、たまに飲み会を開く。日本全国を見わたせば、地域によっては特別に金を持っている消防団というのもあるのかもしれない。しかし、おおよその消防団には金がなく、班長さんや会計係がなんとかやりくりをして酒の席を設けているという現実を知ってほしい。

消防団に限らず地元に根をおろして生活していると、PTA役員の集まりや自治会の会合などで飲む機会が多く出てくる。消防団も同じ。地域の人間が集まってきている団体だ。

ナンダカンダ言っても、わたしも酒のことを悪くは思わない。やはり飲める人ならば、飲んで語り合ったほうが仲よくなりやすいことは経験的に感じている。

消防団に非番や休日はない

消防団員で集まって酒を飲むことがあると聞くと、「もしそこで火事があったらどうするのだ！」と言う人もいるかもしれない。

「消防団たるもの、いつなんどき災害があるのかわからないのに、呑気に酒なんぞ飲んでいていいのか！」と言われれば「いいのだ！」と答えたい。

「酒を飲んでいたら消防自動車を運転できないではないか！」と言われれば「アタリマエだろ！」と答えたい。

緊急避難が適応されるような状態ならまだしも、わたしは非常時だからという理由で飲酒運転容認などということはけっしてしない。これは、先輩幹部から代々厳しく言われ続けてきたことだ。消防団ということに甘えてはいけない。

「酒飲んでいるから消防車を運転できないだと？　消防団がそれでいいのか！」と怒られそうだが、「それでいいだろ！」とわたしは言いたい。

災害の警報が出ているようなときはもちろん飲まないが、しかし、平時にまで酒を飲むなと言われたら困ってしまう。

消防団員には非番や休日はないのだ。ということは、二十四時間いつだって出動の可能性があるわけだ。では、二十四時間常に出動できるようにしておけと言われたら、それはムリだ。ときにはくつろぎたい。旅行にも行きたい。酒だって飲んでいたい。

だからといって開き直っているわけではない。班で全員集まって慰労会や打ちあげで飲むようなときは、隣の班に連絡をしている。「うちの班は今夜は親睦会なので、地元でなにかあったときは、よろしく頼みます」とお願いをしている。そのあたりはお互い様ということで協力しあっている。

わたしと酒

わたしも酒は飲む。

しかし、大酒飲みではない。酒はとくべつ好きというわけではなく「たしなむ程度」と思っている。晩酌はしない。夕ご飯で飲むのは味噌汁だけ。その後に風呂。そしてすべての仕事を終え、あとは寝るだけというときに、自室で寝酒を一杯やる。

それはワインだったり、ウイスキーだったり、冷やした日本酒だったり酎ハイだったり。そしてほろ酔いで、布団に入る。朝までグッスリ……と言いたいところだが、寝る前に取った水分で、夜中に一度はトイレに起きる。

自宅ではこんな感じだ。仕事をしているときは、もちろん飲まない。これを書いているときも夜であるが、そんなときは飲まないで寝る。

たぶん平均的かそれ以下のアルコール摂取量だと思うのだが、世間の皆さまには、わたしは大酒飲みだと思われているフシがある。

ときにブログや短文投稿サイトに、仲間たちと飲んだり自治会やＰＴＡ関係の懇親会での料理の写真を載せたりすることがあるのだが、読む人にはそれが頻繁にあることに見えるのかもしれない。

わたしもウケねらいで「本日激しく二日酔い」なんて書いたりするから、しょっちゅう酔っぱらっているように思われるんだろう。

わたし自身が酒飲みと思われてもいいのだが、わたし＝消防団というイメージを持つ読者もいるから気をつけるようにという忠告をいただいたことがある。たしかに。そのあたりは心しなければいけないようだ。

また、消防団という肩書きのある人たちとプライベートに飲んでいる画像を載せただけでも、ときにはマジメな団員から注意が入ったりする。

消防団活動で飲んでいるわけではないのだが、そのように世間に誤解を与えるからと心配される。いまはそこまで神経質にならなければいけないということであろう。

ある宴会

ある消防団の宴会に呼んでもらったときの話だ。

公の組織に属した偉い人が挨拶した。

団員たちをぐるっと眺め、こう言った。

「各団体に支払われるのは貴重な公金である。今後は予算のムダを徹底的に省いていく」

だのなんだかんだと、消防団が宴会でムダに金を使っているような言い方をしてくれる。

ああ、やっぱりこの人も消防団を知らないのだなと思った。

次にわたしにもなにか喋ろとのこと。あら困った。そんなこと想定していなかったから、なにも考えてきていなかった。もうどーでもいいやという気分で話しはじめた。

「日ごろより自分たちの貴重な時間を消防団活動で使い、そこでもらう特別職地方公務員としての微々たる手当を貯めて、こんなステキな宴会を催してくれてありがとう！　呼んでくれてありがとう！　今日はキミたちの稼いだお金でご馳走になります。大いに飲みましょう！」

拍手喝采。

偉い人に睨まれたけど、ま、いいや。

T副方面隊長の思い出

もう何年も前のことになる。

新潟市が広域合併した最初の年の、江南方面隊春の演習のことだ。

消防団の部長会が主催で操法のデモをやっているときに、T副方面隊長が「進行が遅れている。もう少し早くできないか？」とわたしに聞いてきた。当時、わたしが部長会の会長をしていてその場を仕切っていたからだ。

わたしは「できません」と答えた。

選手たちが今いっしょうけんめいにやっているのに、それをもう少し早くとはどういうことだと思ったのは事実。それに、遅れているのは我々の不手際ではなく、来賓挨拶などの時間配分を読めなかった当局のせいである。こちらとしては、選手たちの操法演習の手を抜いてまで早く終わらせる気はなかった。

それで、かなり不機嫌な顔で「できません！」と言ったように思う。

もうちょっと愛想よくしたほうがよかったかなと思ったが、忙しくてその余裕もなかった。

T副方面隊長は「よし、わかった」と言い、それ以上なにも言わずにわたしのそばを離れた。

そして、わたしの直属の長であった人に「藤田にわるいことをした。謝っておいてくれ」と言ったと、あとできいた。

しかし、T副方面隊長は、なにもわるいことはしていない。

外で長いこと演習につきあっている来賓の方々や一般市民の疲労を考えての忠告だっ

た。それが命令ならば必ず従う。

しかし、あの日は「できないか?」と問われたから正直な気持ちとして「できません!」と答えたのだ。その答えはまちがっていないと思う。

その後、何度もT副方面隊長と飲んだ。かわいがっていただいた。

ある夜、聞かれた。

「なあ、藤田くん。オレがあのときアンタの『できません』の返事に怒って『命令だ。断じてやれ!』と言ったら、アンタどうした?」と。

わたしは「命令ですから従います」と答えた。

「そうか、従うか?」

「はい。従います。しかし、従いますが、T副方面隊長を尊敬することは、なかったと思います」

それを聞くとT副方面隊長は、「わははは。そうだろう。オレの判断はよかったろう。わははは」とわたしの肩を叩いて楽しげに笑った。

それからも、とてもかわいがっていただいた。

＊＊＊＊＊＊＊＊＊

今夜、田中副方面隊長のお別れに行く。

しかし田中副方面隊長。

この別れは、断じて早すぎます……

グチ

じつは、この章は書こうかどうかかなり迷ったところであるが、やはり本書は団員のためにならねばならぬ、となれば避けてはいけないと思い書くことにした。

我々消防団員たちは、けっして消防署や消防団が嫌いなわけじゃない。いや、むしろ好きなのだ。団員たちは消防を取り巻くいろんな事情もわかる。しかし、わかっていてもグチりたいこともある。この章ではそんな消防団員の気持ちを集めてみた。誤解のないように言っておくが、これはわたしの地元からだけの話ではなく、日本各地を取材して出てきたグチを書いたものであり、特定の地域のものではないことを承知してほしい。

住民から怒られる

月に二回ポンプを始動し放水の練習をする。ポンプは定期的に動かしていないと、いざというときに動かなくなることがある。

それから、サイレンもそう。鳴らさないでいると、サイレンを回転させる軸が錆びて固着し壊れる。だから、ポンプを動かすときにいっしょに鳴らす。

しかし、それをウルサイと言われる。

寝た子が起きる。いらんことするな。

好きで鳴らしているんじゃない。オレたちだって寝ていたい。

忙しくてモメることもある

団員たちの苦情はわかる。言いたいことはわかる。同じ道を通ってきたから、わかる。

しかしそれでも「グダグダ言うのなら辞めちまえ、バカ！」と言いたいときもある。

また上の役の人に「辞めてやるわい、バカ！」と言いたいときもある。いや、もしかして、言ったことがあるかもしれないが。

グチ

ときに意見が対立するときもある。消防団なんてやってられないと思うこともある。何度も飲みこんだ言葉もある。

それを言ったら、売り言葉に買い言葉である。いっしょに苦労してきた仲間たちを、そういう一言で失うことになる。

しかし、ときにギリギリのところにいることも確か。みんな忙しい。自分の仕事で忙しい、生きることに忙しい。そこに、消防団の仕事だ。ときには不満が爆発してしまうこともある。

求められるもの

我々消防団に求められる役目は、正直言ってかなり多いと思う。

たとえば、演習。広報。出初め式など各種行事。それにもちろん火災や自然災害での出動もある。ときに、ひと月の中の土日がほとんど消防団の仕事で埋まってしまうこともある。また、朝の四時起きが数か月続くことがあり、それを苦痛と思うこともある。

そしてこのところ、消防署からファックスが毎日入ってくる。そのほとんどが「回答」の必要なものである。その回答を得るために部長さんたちに連絡をし各班長からの返事をもらわなければならない。その時間がバカにならないのだ。おかげさまでこうやってネタになってくれるところはうれしいが、ときには生業に支障をきたすこともある。

ある団員のグチ

これから先、ある団員のグチを書かせてもらいたい。消防署に対して少々きつい表現になっているところもありそうだが、悪意はないので許してほしい。彼はけっして消防署が嫌いというわけではないし、ケシカランと言っているつもりもないはずだ。

では……、

消防署は年々仕事の合理化をしている。たとえば、以前は毎日指導にきてくれた操法の訓練も、本来は消防署の仕事ではないのだから職員を派遣しないとか、自治会でやる夜の救命救急講習には人手不足ゆえに消防署の職員を派遣しないので、それは消防団で対処するようになどと言われることがある。

署員の皆さんはたいへんだ。人手が余っているわけじゃないことはよくわかる。だから、仕事を合理化して、消防団ができることは消防団に任せるという考えが出るのかもしれない。

しかしおかげで消防団員の仕事が年々増えているではないか。そういった活動を消防団がやるのはもちろんだが、消防署もいっしょになってやってくれてもいいじゃないか。

われわれ団員からすれば、消防団活動が生業というのならわかる。「辛くとも、これがあるから家族が生活していくことができる」と自分に言い聞かせることができる。しかし、実際にはそうじゃない。大切な役目であることはやっている自分たちもよくわかっているのだが、しかしそれにばかり時間をかけることができない現実があるのだ。

平日の、しかも昼間にイベントがある。

災害以外で平日に消防団を呼びだすのは、できるだけ止めてもらいたい。みんな、会社の仕事を休んでやっているのだ。上司に頭を下げて休みをもらって、それがムリなときは仮病を使って会社を休んで参加している団員もいる。

イベント、それもいいと思う。地域の人に、消防団の活動を知ってもらうことはたいせつだ。しかし、負担が多すぎる。誰のための消防団だろうか。

これでは、「団員募集」なんてポスター貼っても人は集まらない。現役団員自体も「だいじょうぶだから。キミのできる範囲で無理なくやってもらっていればいいから」と自信を持って勧誘できない。ホンキにして「自分のできる範囲で無理なく」やっていると、ほかの気弱で気のいい団員に無理な仕事を押しつけることになってしまう。

われわれ消防団の活動は、消防署員が残業して消防の仕事をするのとはちょっとちがう。

サラリーマンが会社に「消防ですから」と休みを申請することは、消防署員が勤務のある日に「町内会の行事ですから」と年に何度も休みや早引きを申請するのと同じ気分を味わうことになるのじゃなかろうか。理解ある同僚や上司ばかりならいいか、「オマエが休んでいるあいだに、誰かにその負担がいくのだ」と言われてしまったら、ちょっとばかりせつない気持ちなってしまわないだろうか。団員たちの多くは、つねにそんな後ろめたさを会社に感じているのだ。

また、消防署での会議が平日の五時半からのところもあると聞く。勤め人の多くは、そんな時間にはいけないのではなかろうか。

できることなら、こういう仕事は特別職地方公務員の我々ではなく、フルタイムで働いている役所の人たちにお願いしたいものだ。もちろん、その皆さんもギリギリの人数でやっていることは承知している。しかしながら、現実として団員の仕事に支障が出ているという事実も無視できない。ようするに、人手不足なのに仕事が多すぎるということではなかろうか。

このあたりの忙しさを解消することができれば、いま現在の団員の苦労も減らすことができるのだが。

しかし、消防団は消防署が嫌いなわけじゃない

グチを書いてはいるけれど、わたしの知るかぎり、団員の多くは消防署のことを嫌ってはいない。いや、それどころか、やっぱり消防が好きなのだ。

消防団係の人たちがわたしたちに仕事を頼むときは、かなり気をつかってくれているのがわかる。

その係の人が決めたことでもない決定事項を団に伝えイヤがられたり、ときには怒られたり。団と上層部との板ばさみ。たいへんな役割だなと思う。

そんな中間管理職的悲哀を団員たちもよく知っているから、「んもー、しょうがないなあ」とモンクは言ってても、ちゃんとやってくれる。それがうれしい。

表彰

とまあ、前章のグチの部分を気分わるく書いている最中にスマホの呼びだし音が鳴り、見知らぬ番号が表示された。なんだか怪しいなあと思ったが、仕事の依頼かもしれないと思い電話に出た。

「もしもし」と出たら、相手はとある硬い職場の責任者であることを名のった。以前、名刺交換をしたことがある人だ。

あ、イヤな予感。もしかしたら消防団への苦情か。

だが、ちがった。

「昨日、うちの職員が交通事故を起したとき、そばを通りかかったという消防団の人たちが、現場の交通整理をしたり被害者保護したりと助けてくれたそうです。団員の方たちの名前を存じあげていませんので、どなたにお礼を言っていいのかわかりません。それで分団長の藤田さんにお礼の電話を差しあげた次第です」とのことだった。

その電話を受けたとき、わたしはまだそのことを知らなかった。

もちろんその班の活動報告書には記載されてあるから、後日わたしの目に入ってくることになるのだが、消防団としてアタリマエのことをしているつもりの彼らは、そのような活動をいちいちわたしにリアルタイムで伝えてきたりはしないのだ。

これがもし、「車庫入れに失敗してポンプ積載車のお尻をぶつけてしまいました」みたいなことであったら、すぐに「すみませーん！」と電話をかけてきて、わたしに叱られることになるのだが。

「彼らは特別いいことをしているという気持ちはなく、消防団として当然の役目を果たしているつもりでしょう。それでも、そうやってお礼を言っていただけると、彼らの励みになります。こちらこそご丁寧にありがとうございます」とわたしもお礼を言った。

次の集まりがあるとき、その班のことをちょっとほめなくてはと思った次第だ。

そして、事件（？）はその二日後に起った。

その二日後

その二日後、金曜日の夕方に消防署から電話が入った。

消防団係のW係長からだった。なにかなと思ったら「○班によろしく言っておいてください……」という言葉で始まったので「あ、水曜日のことですね」と答えた。お礼の電話をくださった人が、消防署にも電話していたのかなと思ったのだ。

そしたらW係長は「え、水曜日ですか？　水曜日になにかありました？」と聞いてきたのでビックリ。

「えっ？」
「今日のことですよ」
「ん、今日？　今日なにかあったのですか？　水曜日のことじゃなくて？」
「今日、救急の現場に到着しましたら、○班が道路にコーンを置いて交通整理をしていてくれました。たいへん助かりました。ありがとうございました」と言うのだ。「で、水曜日になにが？」と聞かれたので、わたしは係長にあの日の話を伝えた。

偶然であるが、水曜日と同じあたりで交通事故が起っていた。そしてそれを見つけた消防団員が、救急車がくるまで現場を守っていたというわけだ。水曜日は救急車だけであったけれど、今回は消防車も現場に駆けつけ、消防団員がいたことを知り、分団長のわたしのところに署からお礼の電話がかかってきたというわけだ。

一週間に二度、交通事故の現場に遭遇した班。その行動を賛えられて、その後表彰されることになった。

表彰されることを班長に連絡したら、「マジっすか？」という反応であった。「オレら、いつでもやってることですよね？」と聞かれたが、まったくそのとおり。でも、いつもの積み重ねがたまに表彰という形になることもわるくないなと思った。

もっとがんばれ！

その年の春の演習は、Ｓ署長の元でやった。

通常点検も操法も想定訓練も、出来ばえはイマイチ。けっして手を抜いていたわけではないが、満足のいく出来ではなかった。そして、ちょっとばかりモヤモヤした気分で閉会式を迎えた。

そこで署長が講評で一言。

「制服を着て消防団員としてやっているなら、もうちょっとしっかりしてほしい。皆さんが日ごろからいっしょうけんめいにやっていることはわかる。わかるからこそ、もうすこしがんばってほしい」という主旨の発言をした。

カチンときた団員もいただろう。

しかしまた多くの団員も思ったはずだ。「そうだ、もう少しだ。がんばろう」と。ここでなにも知らない人から「もっとがんばれ！」と言われても「なに言ってるんだ！」と反発もしたくなるが、日ごろを我々のことをよく見ている人から言われると、真摯に言葉を受け止めることができる。

消防団は本業をほかに持っているのだから、演習がしっかりできなくてもしょうがないぞ……という考えも「あり」だと思う。

しかし、やっぱりそんなふうに納得してしまうのは、自分たちの気持ちをごまかしているようで悔しいというのが本音。

その日、打ちあげで飲みながら、同じ気持ちの分団長たちとそんなことを語り合った。もう少しだ。もう少しがんばろう。

わたしの誇りです。

若い消防団員を見ていると、うれしくなる。

「フジタさん、もうカンベンしてくださいよ！」と不貞くされた顔でモンク言っていても、演習も訓練も、ちゃんとやってくれている彼ら。

「もう、ほんとにやってられませんよー」と言いながらも、最後までしっかりやってくれている。

自分の休みの日に訓練があったり、夜に出動がかかったり、台風でみんなが家にこもっているときに外で見まわりしていたり、川が溢れそうなときには川のそばにいたり。

損得で言えば損が多いであろう消防団。

それでもがんばってくれる消防団。

彼らの存在は、わたしの誇りだ。

いつも感謝している。みんな、ありがとう。

やりもしないでモンクだけ

それはとても楽なポジションだろう。

でも、消防団のまわりには少なからずいる。消防団を敵として非難して、自分がそこでリーダーになる。自分はアラを探すだけだからとても楽。それこそ重箱の隅をつついて消防団のヤツらはケシカランと言っていればいい。

消防団は、やっていて批判される。辛いことをしていながら、していない人に批判される。

それはとっても辛いポジションであるが、それでも団員たちは黙々と働く。

人として、最後に信じられるのはどちらか。

救急車に乗る

本書執筆中に救急車に乗った。

いや、よくある体験乗車ではなく、本物の現場に遭遇したのである。

なんということはない。実の母の付き添いであった。

冬の朝、母が激しい目眩に襲われ、一歩も動けない状態になり座敷で倒れた。

こんなとき、日ごろの消防団での訓練が役に立つ。母の状態を確認し、119番して「火事ですか、救急ですか?」という問に「救急です」と冷静に答えることができた。

以前、父の時にもお世話になった。そのつど、日本人のすばらしさを知る。それは、救急車がくると皆さんしっかりと止まって救急車の通過を待ってくれること。

急ぐ人もいるだろうに、クラクションも鳴らさず、列を作って救急車の通過をじっと待ってくれている。

そして、救急車のほうも通り過ぎるときに「ご協力ありがとうございます」と隊員さんがお礼を言う。

救急車の進行を妨げないことは道交法で決まっているのかもしれないが、そういう理屈だけではない世界なのだ。いかに通行する権利があろうとも、譲ってもらったから「ありがとうございます」と言いながら、走って行くところがステキだと思った。

カーテンの隙間から外を見て、止まっている車に頭を下げた。

サイレンと鐘の音

夜中に消防車のサイレンで目がさめた。

「ウー」というサイレンのあとに「カンカン」という鐘の音が入っているので、これは火事だ。妻はスヤスヤと寝ている。いや、それでいい。妻には起きないでいてもらいたい。

消防団に入ってから、サイレンの音に敏感になった。かなりちいさな音でも目が覚める。

パソコンがあればネットに繋げて災害情報をチェックするし、それがなければ電話をすると人工の音声で情報が伝えられてくる。

しかし、この音声がやたらと間のびしていて時間がかかる。

「こちらは○○市消防局です（わかってますわかってます）……○月×日（今日の日付だろ、とーぜん）……午後△時■分（わかってるわかってる）……ごろ（「ごろ」なんて言葉はどうでもいいから。早く場所を言え場所をー）……×○区凸凹町□△付近で火災のため出動しました（これが知りたかったのだあ！）」

とくに早く情報を知りたいと思っているときは「場所から言ってくれよ、場所から！」と電話の声を相手に毒づいている。

祭りの夜に

彼の息子は小学二年生。

今夜は村の秋祭りだけれど、消防団として夜の見回りをしなければいけないので、子どもといっしょにお宮にいけない。

「おとうさんが帰ってくるまで起きている」と言っていたけれど、どうだろう、十時すぎるけど起きていられるだろうか。

夜警は「かんかん　かんかん」と鐘を鳴らしながら車で村を回るグループと、懐中電灯を持って歩いてまわるグループに分かれて見まわる。

みんながお宮にいってお参りをするため家を空ける。ちょっと浮かれた楽しい気分。

そんなときに火事や犯罪が起きやすい。

火の気はないか、怪しい人影はないか、そんなことを気遣いながら、村を回る。

「あいつら、酒を飲みたいから集まっているんだ。見まわり終わったらコンパ呼んで宴会が始まるんだぜ」と、いかにも見てきたようなことを言う人がいる。

「勝手に言ってろ！」と思うが、やはり腹が立つ。やらないヤツらに言われたくない。しかし、やらないから勝手なことが言えるんだろうな。

そんなふうに言うやつは、よっぽど宴会が好きなんだろうな。

宴会、やるわけないだろ。オレは宴会よりも、見回りが終わったら家に帰りたい。オレの帰りを家族が待っている。

……家に帰ったら、彼の息子はやっぱり眠っていた。けっこうがんばって起きていたらしいが、やっぱり眠気に勝てなかった。

寝顔を見ながら「ゴメンな」と寝顔をなでた。おとうさんといっしょに食べると言ってたポッポ焼き（註）が、台所のテーブルの上に載っていた。また「ゴメンな」と言いながら、冷たくなったポッポ焼きを食べた。妻が「お疲れさま」と言って、ビールを出してくれた。

（註）新潟のソウルフード

ポッポ焼き

各地取材記

公益財団法人・日本消防協会

日本消防協会は、一般的に団員には馴染みの薄いところかもしれない。

そこそこ団歴の長いわたしでさえ、はじめて訪れたのは消防団員になって二十五年以上経過してからである。長いこと存在すら知らなかったし、知ってからも「偉い人が行くところで、オレたちには関係のない場所であろう」というくらいにしか思っていなかった。

しかしそれは誤解であった。日本消防協会の敷居はけっして高くなかった。むしろ、消防団員ウエルカムなのだ。

◇

日本消防協会の歴史は古い。その始まりは明治三十六年五月である。そんなに古くからあるのかと驚くかもしれないが、じつは消防団の歴史はさらに古い。一八九四（明治二十七）年の消防組規則によって消防組（消防団の前身）が発足したところから始まっている。つまり昭和二十三年に消防署という自治体の組織ができるずっと前からある組織なのだ（厳密に言えば自治体の消防署もそれ以前は警察管轄としてその前身があるのだが）。

大雑把に言えば、まず消防団があって、そして消防署ができた。もちろん「消防団が先にできたから消防署より偉い！」という気は毛頭ない。ただ、消防署のあとにお手伝いや補助の意味で消防団ができたと思っている団員が少なからずいたので、敢えて書いておこうと思う。消防署と消防団は車の両輪。どちらもなければたいへん困る。

公益財団法人ってなに？

平成二十六年四月一日から「公益財団法人日本消防協会」として新たなスタートをしたということであるが、それっていったいなにがどうなったってことだろうか？

まず「財団法人」というのはなんだろうと思って調べてみた。

辞書には「一定目的のために提供された財産を管理・運営するために設立される法人」と出ている。うーん……。

では、「法人」とはなんだろう？

「自然人以外のもので法律上の権利義務の主体とされているもの」と出ている。いやもう、ハッキリ言ってわからない。

「自然人」とはなんだろう。

これも辞書に出ていた。「法人と対比して、生物としての人のことをいう」ということだ。

しかし、対比するという「法人」のことがわかっていないから調べてみたのに、これではわからない。

いま生きている我々人間一人ひとりは「自然人」であり、対して「法人」とは生物としての人間ではないのだけれど、「法」によって「人」のように扱うことになった存在のようだ。

つまり、一定目的のために提供された財産を管理・運営するために設立される、法によって人扱いされる存在。それが財団法人である。おわかりいただけただろうか？　いや、じつはわからなくても問題はない。ここまではさほど重要ではない。真面目に読んできた皆さん、スミマセン。

重要なところは、最初についている「公益」の文字である。これがとてもステキなのだ。どのようにステキかというと、それをつらつら書いていったら、きっと多くの皆さんは読み飛ばしてしまうだろうから簡単な説明に留めるが、「公共の利益」が公益である。「皆さんのためにがんばっています」ということだ。

その「公益」という単語が「財団法人」の頭についていることが大切なのだ。非常に厳しい条件を整えて、国から公益性があると認められ、社会的にたいへん高い信頼を得ているということである。

簡単には認められない「公益」の文字が、我らの日本消防協会にはついているのだ。お金を払えばなれるとか、歴史が長ければだいじょうぶとかというものではない。厳正に審査され、それでやっともらえる「公益」の文字なのだ。わたしたちの縁の下の力持ちは、「とにかくすごい！」と思っていただければ幸いである。

日本消防協会を探して

とまあ、日本消防協会についてわかったふうなことを書いているのだが、最初はその建物にたどり着くまでの段階でかなり苦労した。

いや、ふつうの方向感覚の持ち主ならば大丈夫なのだろう。地図を見ても、それほどややこしいことはない。東京メトロ銀座線の虎ノ門駅下車二番・三番出口徒歩五分で到着……するはずなのだ。

だがしかし、初めて行った日はたいへんな雨降りで、大きな荷物を持って傘をさして、それでまた季節は夏であり、虎ノ門駅を出た瞬間から、暑いわ汗だわ雨だわ濡れるわで、かなり苦労した。

印刷してきた地図は雨に濡れてインクが滲むし、スマホのナビを使って歩けば「あっちいけ」だの「こっちいけ」だのと、画面がグルグル回ってどっちに行ったらいいのかわからない。まるで噂に聞く富士の樹海の青木ヶ原ではないか。

どういう理屈でこのスマホのナビはこんなにメチャクチャな道案内をしてくれるのだろうと悩みつつ立ちどまっていたら、妙齢のご婦人に声をかけられた。「スミマセン、自転車会館はどちらでしょうか?」と。もちろん知らない。しかし、なぜかわたしは人に道を尋ねられる。こうやって道に迷っている最中でさえ声をかけられる。よほど道に詳しいと思われる顔つきをしているのだろうか。

実際は、このテイタラクでまるで役にたたないのだが、頼られればなにかお役に立ちたいと思うところが消防団。

しかし、生まれてはじめて歩く虎ノ門の街であるから、そこに自転車会館なる施設があるのかどうかもわたしは知らない。「申しわけありません」と期待に応えられないことを謝り、雨に濡れて滲んだ地図を広げてみたら、そこに自転車会館が載っていたので彼女に渡した。どうせ地図があっても道に迷うわたしだからなくてもさほど困らない。

さて、その後もグルグル回るナビに振り回されながら街をさまよった。日本消防協会の建物の近くにいるらしいのはわかるのだが、「ここだ！」というところにたどり着けないまま時間が過ぎる。

気づけばお昼。腹も減ったし喉も渇いた。そんなとき、たまたま中華のメニューの案内看板が目に入ったので、そこに入った。

案内に従い地下の階段を降り、扉を開けると「いらっしゃいませ」と中国語訛りの女性が席に案内してくれた。丸いテーブルの相席。隣は黒い扇子を持った中年のご婦人だった。普段は人見知りして、見知らぬ他人と相席でなどとてもムリなわたしであるが、恥ずかしさよりも疲れと空腹のほうが勝っているので、腰かけてすぐに「あんかけご飯」を注文しペロッと食べた。

さて、腹も満たしたし、気を取りなおして日本消防協会のビルを探さなければと地下街の階段を上って地上に出たら、なんと！　自分がいままでいた中華食堂が、じつは日本消防協会の地下だったという事実。スマホのナビ画面ばかり見ていてビルを見ていなかった。

日本消防協会ってこんなところ

日本消防協会の柴垣謙事務局長さんからお話を伺ってきた。

「『公益財団法人日本消防協会』とは、一言でいうとなんでしょう?」というわたしの質問に、柴垣さんは「消防団のための縁の下の力持ち的存在です」と教えてくださった。

なるほど。普段は縁の下にいるから、我々消防団員はその存在に気づきにくいわけだ。つまり、我々は知らず知らずのうちに縁の下の上を歩いてきていた。

柴垣謙事務局長さん

しっかりした縁の下があるから、丈夫な床ができる。丈夫な床があるから、わたしたち消防団はなんの心配もしないで歩いていける。

細かく書いていけば日本消防協会の解説書が一冊できてしまうので省略するが、ひとつはわれわれ団員のための処遇改善など活動環境の整備について、つまりは団員の装備の充実、災害時の補償、勤務先企業等の理解向上のために縁の下でがんばってくれている組織なのだ。

そのための要望書を国に送ってくれているし、それらを実現させてきた実績がある。

「消防団を中核とした地域防災力の充実強化に関する法律」

難しそうなタイトルを見て読みとばそうとした人もいるかもしれないが、もう少しだけ我慢して読み進めてほしい。

平成二十五年十二月に「消防団を中核とした地域防災力の充実強化に関する法律」が定められたのだが、これに尽力したのが日本消防協会である。この法律は二十一の条文からなり、消防団の必要性、消防団活動への理解、地位向上、待遇改善のための法律である。

ごく身近なところから説明してみよう。

たとえば、消防団活動をするにあたり、会社を休まなければいけないこともあろう。もちろん誰かがかわりに出動してくれるのなら問題はないが、そうはうまくいかない。自分のかわりに出てくれる人だって、仕事を休んで行くことになるのだ。

緊急の災害のときにはまだ理解もしてもらえるだろう。しかし、消防団の活動には平時の平日の真っ昼間に中学校にいって救命講習指導の補助をするようなこともある。もちろん、それも消防団の立派な活動である。尊敬こそされ、恥ずべきものは一切ない。しかし、そのとき「オレたち消防団ですから」と堂々と会社を休むことができるだろうか？　社長さんや上司に頭を下げて休みをもらい、ちいさくなって消防団活動をしている団員のなんと多いことか。

中には「分団長、オレ、今日は午後からカゼで熱が出たということで早引きしてきました」と言っていた団員もいた。そこまでして参加してくれているのだ。

そんな肩身の狭い思いをしている団員のために、この法律の第十一条がある。要約すると、事業者は団員である従業員の消防団活動が円滑に行われるよう配慮し、団員が消防団活動をするにあたり休暇を申請したときは、快く許可してもらいたいということである。

法律ができたからといってすぐに待遇改善とはならないかもしれないが、これがあるとないとでは大ちがいである。この法律が大きな一歩になることはまちがいなかろう。

慰霊碑

日本消防協会のビルの屋上に、殉職者の慰霊碑がある。全国消防殉職者慰霊碑という名前だ。

きれいな花が生けてあるが、これは撮影用に用意されたものではない。いつ行っても、ここには花がある。職員の方が、花を絶やすことなく生けているとのことだ。

屋上からの眺めは、まさに大都会。アメリカ大使館がある。虎ノ門ヒルズが見える。日本のシャンゼリゼ通り。

公務災害補償

消防団活動は危険を伴う。災害現場での負傷はもちろんのことであるが、不幸にして死亡することもある。そんなときのために、各種共済を充実させる業務を行っている。

災害現場では、なにが起るかわからない。火事も地震も台風も、こちらの思うように収束はしてくれない。

わたしも火災現場で想定しない風が巻き起こり、煙にまかれたことがあった。なにも見えない、真っ白な世界。「もしかして、これでオレは死んでいくのかな」と一瞬思った。幸いにして、毒のある煙ではなかったし、また風が変わりすぐにその場から脱出できたのでよかったが、ときにはそれで命を落としてしまうこともあるかもしれない。

そうなったとき、その後どうなるか。「お気の毒様」の言葉だけで終わらせられては、我々消防団員はほんとうに気の毒すぎる。

働き盛りを失った遺族への補償。そしてまた、子どもたちが勉学を続けていくために、返済不要の給付を行ってくれる、それが公務災害補償の制度だ。

縁の下には、ほかにもたくさん

大規模災害が発生したときの長期の消防団活動や社会的・経済的に影響のある場合に災

害支援金の交付及び非常食の配布を行う「消防団員災害活動支援」や、救助救急活動にも積極的に取り組もうという消防団には「防火資機材等の配布事業」として、消防ポンプのほかに救命救急資機材を積載した多機能型車両を交付している。

ほかにももっとたくさんのことを、我々消防団のために縁の下でがんばってくれている。

ネットで日本消防協会を検索してみると感動するくらいたくさんの発見があることだろう。

秋本敏文会長さん

日本消防協会の会長というと、わたしを含め、団員の皆さんにはまさに雲の上の人という気がするのではなかろうか。いや、実際にそうなのだけれど。我々一般団員は、まず近くでお目にかかる機会はない。運が良ければイベントなどで、遠く百メートルほど先にいらっしゃるお姿を双眼鏡で見るか、または球場などにある大きなスクリーンに写し出された姿を見るしかないのだ。

そんな恐れ多い存在である会長さんに、わたしは会ってお話をすることができたのだ。

じつは、前作「オレたち消防団!」を出したあと表敬訪問させていただいた。正直なことを言うと、本書もそうであるが「オレたち消防団!」のような文体は少々ナンパなスタイルでもある。

見方によっては、超マジメな関係者様などから「ふざけている」とか「ケシカラン」などとお叱りを受ける心配もあった。そうなってしまったら、協力してくださった皆さまに多大なる迷惑をかけてしまうと思った次第なの

歴代会長の額が並ぶ会長室にて
(真ん中が秋本敏文会長さん、そのお隣が常務理事(当時)の川手晃さん)

だ。

なんといっても現会長の秋本敏文氏は、東京大学法学部卒で元消防庁長官という超エリートの世界を歩んできた人であり、ホームページの写真を見ても、ばりばりの硬派なお姿である。

そのような人は、あのような軟らか系の消防団の本の存在を知ったら、不愉快に思うかもしれない。そうしたら、それを許した新潟市の消防局長や消防団長に迷惑がかかるかもしれず。そう考えたらだんだん心配になってきて、新潟市の消防局にお願いして、面会のアポをとっていただいたのだ。「真面目に書いているつもりなのですが、もし不真面目に見えたとしたら、それはわたしの不徳の致すところです」と謝っておこうと思った次第である。

ほんとうに多忙なスケジュールの中を調整していただき、お会いすることができた。鞄に色紙を忍ばせておいたのは、秋本会長になにか一言書いていただこうと思ってのことなのだが、緊張しすぎて出すのを忘れてしまった。日ごろから緊張するタイプのわたしであるのに、さらに緊張してしまった。正直、口の中がカラカラ。

自己紹介で「新潟市消防団・江南方面隊・大江山分団・分団長の藤田と申します」と淀みなく言うつもりだったのに、にいがたたしし……と出だしで舌を噛んでしまうテイタラク（実話です）。

そんな緊張しまくっているわたしを「よくきてくださいましたね」と笑顔で優しく迎えてくださったのだ。その笑顔にホッとして、やっとわたしはふつうに話すことができるようになった。

それからお忙しいであろうに、一時間ほどもお話してくださり、帰り際には「消防団120年」という記念のお酒もくださった。

その日から、わたくしの秋本会長に対する好感度が一気にあがったことは言うまでもない。

新潟市消防局

やや緊張の場所

消防団関係の本を書くにあたり、新潟市消防局にはたいへんお世話になった（まだなっている現在進行形）。とくに全国各地に取材に行くときには局の消防団係の人があちらの消防署と連絡をとってくれているので、仕事がたいへんスムーズに進んだ。

市の消防署のなかのトップにある消防局であるから、わたしのような消防団員にはちょっと敷居が高い感じ。団長や方面隊長クラスになったらもう少し気楽に入れるのだろうか。

また、入り難いのは雰囲気ばかりではなく、車で行くと物理的にも超入り難い。自動車学校で教えている車庫入れの検定試験よりはるかに難しいと思う。

あの白線の終わるところが入口

ちなみに、駐車場の場所はわかりやすい。すぐに見つけることができる。

しかし、なんかイヤな予感。

とにかくここは内輪差をしっかりと意識して道路の真ん中方面に車を進め、それからハンドルを左に切ると、じゃーん。

狭っ！

なんといってもあちらに見える駐車場にたどり着くまでの通路が狭い。両側が壁になっていて、車一台がやっとのスペースのところを「うっそー！」とか言いながら（言わなくてもいいが）入っていかねばならないのだ。数センチハンドルがぶれたら壁に接触してしまう狭さ。

しばらく続くその細い道を突き抜け、そこから左へ曲がっ

イヤな予感！

狭っ！

たところが駐車スペースになっている。

そして、左を見る。するとここでまた往々にして「うっそー！」と叫ばなければ（叫ばなくともよいが）ならないことになる。

そう、せっかくたどり着いても駐車場が満杯だったりするのだ。通路も狭いが駐車場も狭い。地価の高いところにある建物だから、スペースがとれなかったのだろうか。

満杯……

そんなときはしょうがないから近くのコインパーキングに止めなければならない。

そのままバックでいまきた通路を戻る。そう、満杯のときには方向転換するスペースさえない。「うっそ、うっそ、うっそ！」と涙目になりながらバックする。そのときは、窓から顔を出してバックはできない。

顔を出すと、壁に頭を擦って怪我をする。助手席シートに左手を添えてリアガラスから後方を確認して進まなければならない。このとき、往々にして背中の筋肉がつってしまうので、新潟市消防局の駐車場に入る前には一旦車から下りて、しっかりストレッチをしなければいけないと言われている（うそです）。

しかし、そんな消防局も新築される。そう聞かされると、なんだかあの駐車場が愛おしくなってくる。

涙目でバック

閑話休題

新潟市の中枢であろう消防局のトップには局長がいる。文字通り、局の長である。じつはとっても偉い。

しかし、その偉い皆さまたちは、わたしがまだイタイケな新米消防団員だったころから面倒をみてくれていた人たちであった。

「お世話になってまーす」と挨拶すると「おっ、こんちは！　待ってたよ」と言ってもらえる安心感がある。

そう、偉い人はイバっていないのだ。その存在が文字通り「存在感」なのだ。なんだかホメ過ぎのような気もするが、ウソは書かない。

たとえば上ノ山局長

上ノ山局長にはじめて会ったのは、わたしがまだ新米の団員で、局長も役職は係長か主任あたりだったと思う。

水防訓練のときであった。先輩署員が我々団員に作業工程を説明しているときに、その横から「そのやりかたはちがいます」と指摘していたのが上ノ山さんだった。

「おやまあ」と思った。和を尊ぶわたしとしては、みんなの前で恥をかかせず、耳もとでこっそりささやけばいいのになあと思った。

しかし考えてみれば、消防という現場では「耳もとでこっそり」などと悠長なことは言っていられないわけで、マチガイはマチガイとして、その場で指摘し周知させ次の作業に移らねばならないわけだ。そうしないと、場合によっては命にかかわる。

上ノ山さんは我々東消防団（当時）のライバルである西消防団の消防団係として活躍していた。自らも勉強し、操法大会のためのノウハウ集「審査員はここを見ている」という冊子を作り、分団に配布していた。後にこっそりそれを手に入れ、わたしも読ませてもらったのだが、それがまた的確でわかりやすい。それを読んで、冊子を大会前に手に入れられなかったことをとっても悔しがったことを思い出す。

その上ノ山さんが、いつのまにか消防局の次長になっていた。

前作「オレたち消防団！」を出すときに局に行ったら、次長の席に座っているではないか。「びっくりー」というのが正直な気持ち。「おおお、なんでそんなところにいるんですか！」と驚いた。

そしていまは、新潟市トップの局長さんである。

ちなみに、政令指定都市の消防局トップの上ノ山局長は「わたし、奥さんのアッシーだからさあ……」なんてことを団長訓示の面識会のときに誰かに囁いていたのを覚えている。新潟市トップでも家庭内では奥さんのアッシー。なんだかとってもいい関係。偉い人は偉ぶらないのだなあと思った。

その上ノ山局長に言われた。「アンタの本さ、わたしの任期中に出るのかな?」と。うひー。いそいで仕上げまーす。

たとえば土田次長

土田次長はわたしが分団の部長になったときにお世話になった。当時の新潟市は、東西で二つの消防団に分かれていた。わたしは東に所属していた。年に何度か部長会の会合があり、そこでけっこう真面目に意見交換や打ち合わせを行っていた。そこで「なんだかいつもおもしろいこと言っている人がいるなあ」と思って見ていた人が、当時消防団係の土田さんだ。

話のどこかにオチが入っていて、こちらは真面目に聴いているのに最後に落とす。またそうかと思って、こんどは笑う準備をして聴いているのに、最後までオチのないまま話を終えて、こちらの気持ちに消化不良を起こさせるという、なんとも悩ましい話術の人だった。

その後異動になり我々の前から姿を消したのだが、十数年後にわたしの地元の消防署に署長として現われた。「うわー、土田さんじゃないですか!」と驚いた。あのおもしろくて偉さのカケラもなかった土田さんがまさか署長になるなんて思ってもいなかった。「いい人なのだけどねえ」で終わるタイプかと思っていたので、偉くなっていてたいへん嬉しく思った。

そしてなんとその一年後には新潟市消防局の次長である。「ホントはわたし、映画俳優になりたかったんだよねー」と、酔ったときにシミジミ言っていた土田さんは、銀幕スターにはならなかったが、消防署のスター街道を走っている。

たとえば斎藤次長

じつは斎藤次長はわたしが毎週出ているラジオのリスナーさんである。

本書のハシゴ車体験のところで書いてあるS署長、また「もっとがんばれ」に登場するS署長は、ともに斎藤次長のことだ。

斎藤さんとは秋葉消防署の署長さんのときに出会った。ある会議でごいっしょさせてもらったのだが、わたしがラジオに出ていると知ったら、その翌週から毎回投稿してくださっている。

その出来ばえがまた素晴らしく文学的で、毎回こちらが驚くような回答を送ってきてくれるからうれしい。

秋葉署の次は、わたしの所属する江南方面隊の江南署を経て、そしていまは局の次長さんである。江南署に赴任してきて最初の挨拶で「わたしは定年まで江南署でがんばります！」と宣言していたのだが、その一年後に局に移動して次長である。「公務員がウソついていいのですかー！」と送別の宴会のときに絡んだけれど、もちろん冗談。ほんとに見知った皆さんが偉くなっていくことはたいへん嬉しい。

ちなみに、見た感じはバリバリの体育会系の斎藤さんである。そして、ふだんはニコヤカでしょっちゅう大きな声で笑っているイメージの人なのだが、いざ消防となると、とても厳しい。斎藤さんの存在で周りが締る。われわれ団員のことをも叱ったりする。そんな怖い斎藤さんは、家庭では毎朝のゴミ出しが担当だという。奥様は若いころのあべ静江さんによく似ている。中学校の頃からおつきあいしていたとのことだ。そのあたりのことも、ラジオの投稿でさりげなく奥様への愛を伝えていたりするからニクい。

なお、斎藤次長の写真はハシゴ車体験のところに載せてあるので、そちらを見てほしい。

新潟市消防局新庁舎

本書の出版が遅れに遅れ、幸か不幸か新潟市消防局の新庁舎が完成してしまった。この際であるから、最新の庁舎をレポートしておこう。

そこは新潟市民病院の交差点から見える。

これだー！
こんなとき、モノカキをしていてよかったなあと思う。取材という名目で、あちこちに潜入できるのだ。まさに今回は普通の見学や取材なら行けないようなあんなところや、こんなところや、そんなところまで行っちまった感のある潜入レポートである。あー、体いてー。筋肉痛になった。

入ってすぐに「おおおお、駐車場が入りやすい！」という、地味な事実に感動した。

旧庁舎を知っている人ならば、皆さんきっとそう感じるのではなかろうか。

前の駐車場は、自動車学校の検定コースをはるかに上回る難しい技が必要であった。

それがもう、いまはもうなんの苦労もな

く、ふつうに車を止めることができる。ああ、アタリマエのことができるって幸せ。

こんちはーと扉を開けると、まずはエントランスホール。

そこに、はしご車体験シミュレーションがある。

これは実際には目の前の画面だけが動く仕様なのだが、これがなんともリアルで、足元が揺れている感じがする。安全に高いところを体験できるのだが、高所恐怖症の人はこわいかもしれない。それくらいリアルなできである。

ほかにも滅多にできない119番通報体験コーナーや初期消火体験・消防クイズなど、お子さまも楽しめる各種コーナーが設けてある。ちなみに消防クイズはひっかけ問題があって、大人でも子供用問題でまちがってしまうこともあるらしい。わたしは日ごろ偉そうにこんな本を書いている立場上、

はしご車体験シミュレーション

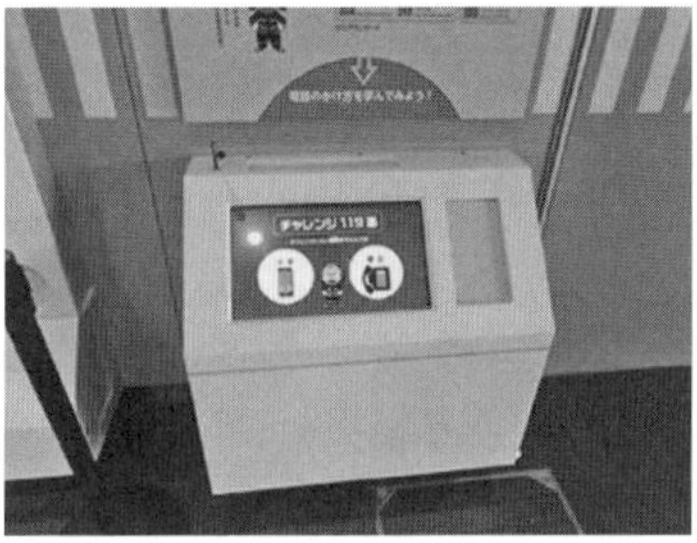

１１９番通報体験コーナー

万が一まちがってしまっては恥ずかしいので「やってみますか?」と言われたが、やらないでおいた。いつか、後ろに誰もいないとき、こっそりやってみようと思う。

そしてその先の真正面に見えるのが中央消防署である。

そう、一階部分が中央消防署になっているのだ。そして二階が中央消防署と消防局の共有部分、三階・四階が消防局で五階に電気室などが入っている。

建物はもちろん免震構造。消防署が地震で潰れてしまってはシャレにならないから目一杯頑丈な造りになっている。

コンクリートが二枚重なっているように見えるこの黒い隙間が重要とのこと。下の部分がこちら側の地面に繋がり、上の部分に建物が乗っている。つまり、地盤と建物が絶縁されている状態なのだ。

だから、地震時には最大六〇センチもこの隙間が動くという。「動く建物にぶつかったり挟まれたりしないようご注意ください」と書かれた看板がある。実際、その動く現場を見ることはないだろうが、想像してみると、かなり不気味だ。

さて、建物の中に入り、エレベーターを三階で降り、局長室へ向かった。

旧消防局と比べて、建物内がかなり明るい。

局長室まで案内してくれた署員さんに「明るくていいですねー」と言ったら「はい」と満面の笑みで答えてくれた。

その明るさは、照明器具だけではなく、採光にも気をつかった結果であろう。

「おはようございます」と局長室に入っていくと、

はい、ご存じ上ノ山局長。

この日もかなり忙しく、まさに分刻みのスケジュールの中、

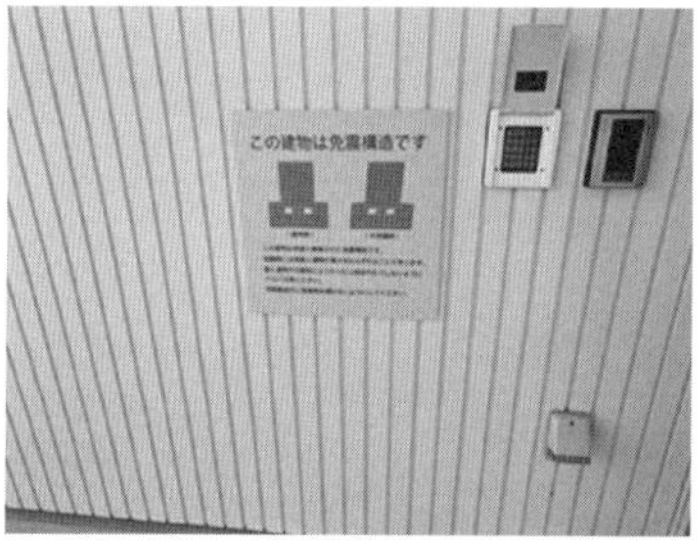

黒いゴムを境に最大60センチ動く

わたしの質問に答えてくださった。

局長は旧庁舎の最後の局長であり、新庁舎の最初の局長である。これって、なかなかなすごいことだ。「たまたまだけどねー」と軽く言うけれど、わたし的には「すげーレア」と思うわけだ。

さて、一通り新庁舎の話を伺い、では建物を案内してもらいましょうと思って局長室を出たら、わお！

「ホントはわたし、映画俳優になりたかったんだよねー」の土田次長にお会いした。すかさずカメラを向けたら「やめてー」と言いながらも満面の笑み。さすが俳優です。しあわせの黄色いハンカチに出ていたという情報が入ってきている。

そしてまた視線を戻してみたら、我が地元、元江南消防署

上ノ山局長

土田次長

の斎藤次長の姿が見えたので、すかさずカメラを構えた。

すると、シャッター押す前に「しゃっ！」とか言って姿を隠す。その結果、頭の一部しか写っていない。この斎藤次長は、仕事の場面ではけっこう厳しい人なのだが、時々かなりおもしろい人になる。

はからずも、消防局トップスリーが揃った。

写真の左側から、土田次長、真ん中が上ノ山局長、そして先ほど「しゃっ」と隠れた斎藤次長。

ちなみに、こんなときだからフレンドリーに写ってくれているが、いざとなったらピシッとなって、ちょっと近寄りがたいオーラが出る三人である。だからわたしが近づくのは、こんなとき専門。

消防局トップスリー

斎藤次長

「へんなこと書くなねー」と言われながら、お忙しい局長とは今日はここでお別れなのだ。

この後、新庁舎の設備を担当の方に案内していただいた。

なんとそこで衝撃の事実が！

新潟市消防局のいちばん高いところ

ここで新潟市消防局の概要を書いておこう。

場所は中央区鐘木257番地。産業振興センター西側にある。

地上一部五階建て。もちろんムテキの免震構造。

どどーんと目立つ無線鉄塔の高さは約87メートル。

災害でライフラインが止まったときを想定し、電源を確保するための自家用発電設備の稼働時間は7日以上。また、ガスは特殊で丈夫なガス管が繋がっており、よほどの大地震でも止まることはほぼないとのこと。飲料水以外のトイレの水などは、雨水を溜めて利用しているそうだ。

また、消防車両の燃料を確保するため、自家用給油所があり、ガソリン4、000リットル、軽油6、000リットルが備蓄されている。これで緊急車両が三日フル稼動できるとのことだ。

食料は、職員一人ひとりが署内に三日分以上を確保している。

ちなみに上ノ山局長もこのとおり。

「写さんでいいわね」と言われたけれど、写してしまった。

名前を書いた箸入れが可愛いかも。

さて、局内探検を開始しようか。

案内していただくためエレベーターに乗ったら、中にどどーんとこんなものも乗っていた。

局長さんの非常食

まだ一部で完成していないところもあり、工事は現在も続いているとのこと。

エレベーターを降りて外の世界へ。カモーンと待ちかまえていたのは工事の人。

案内してくださったのは、市役所から出向してきたという高橋さん。背がかなり高い。わたしも低くはないのだが、高橋さんは、それよりもかなり上のほうに顔がある感じ。

途中で「立入禁止」の看板があるが、関係者だからどんどん進む。こういうところも快感である。

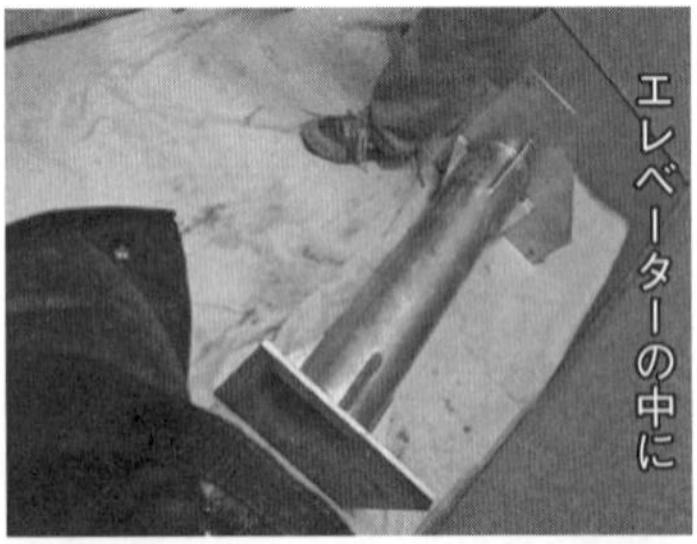

エレベーターの中に

工事の人

高橋さん

ヘリポートの入口

ヘリポートに到着した。

ここで他都市からの応援部隊を速やかに受け入れる。

重量制限があって自衛隊のプロペラが二つあるような重量級のヘリは無理だが、県警や消防のヘリは楽勝で着陸できるそうだ。

けっこうな高さがある。地上35メートルほどだろうか。風が強くて飛ばされそう。

鳥屋野潟が見える。桜が咲いたらキレイだろう。

さて、せっかくここまできたのだか

ら、無線鉄塔のてっぺんまでいってみたい。こんなときじゃなければ上れない。局長の許可も得ているし、高橋さんに案内してもらって鉄の階段をどんどんと上っていった。行き帰りで二〇分かかるとのこと。案内してくれた高橋さんは、鉄塔に鳥が巣を作ったりしないよう見張るため、毎日のように上っているそうだ。

ゼーゼー言いながら到着した。ちなみに、鉄塔全体にネットが張ってあるのだが、これは鳥を避けるためだそうだ。

ちゃんと上った証拠写真。地上87メートルの吹きさらしの世界。片膝ついているのは、立つと頭がネットに引っかかるから。強風のため、髪が乱れまくり。自毛でよかった。ズラの人は注意が必要だ。

てっぺんは風が強いし寒いしで、この時期はあまり長くはい

られない。

こんどはひたすら降りる。

そうそう、これは上空から見た消防局からの出口の様子。普段は左折しかできない道路になっている。しかしながら、緊急車両が出動するときは、分離帯を横切って右折できる。

さて、こんどは中を案内してもらった。

無線鉄塔の上り下りはかなり体力を使い、体がやたらと温まった。風の動かない室内に入ったら、一気に汗が出てきた。

ここは作戦本部室。大きな災害が起ったときは、ここで作戦会議が行われる。何台もの大きなモニターが壁に架かっているし、このようなテーブルの島がいくつかある。

こちらは指令室。119番通報を受けつけている場所である。こうやっているときにも、救急車が出動しているし、その場所が地図で示されている。モニターの上と天井に空白があるが、将来的にはこの壁を全部使ったようなモニターになることを想定しての隙間であるとのこと。

かなり本格的なトレーニングルーム。消防署員の筋肉は、命を守るための貯金なのだ。

火事の原因を調べる鑑識室。X線装置や特殊な顕微鏡、また放火などに使われた油分の存在などを明らかにする装置が

作戦本部室

トレーニングルーム

指令室

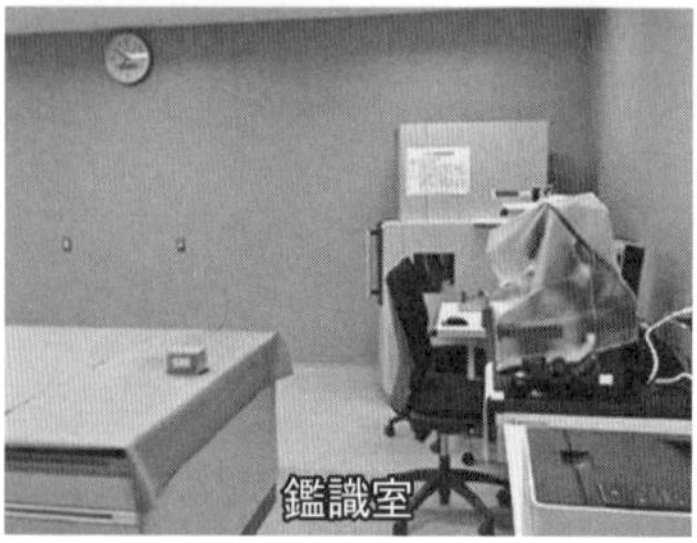
鑑識室

置いてある。こうやってみると一見地味に見えるのだが、じつは奮発した超高性能版をがんばって導入した。

このあたりの事情に詳しい我が同級生、江南消防署のW署長ともあとで話したのだが、ここでケチってしまうと安物買いの銭失いになってしまうので、しっかりとした装置を用意してもらったそうだ。

こちらは仮眠室。三人で交代して使っている。布団とベッドは共有だが、ロッカーが三つ、ベッドの引出しも三つ各個人用にある。

むかしは大部屋だったが、いまは個室。

しかし、仮眠室があるからといって、ここでぐーぐー寝てはいられない。あく

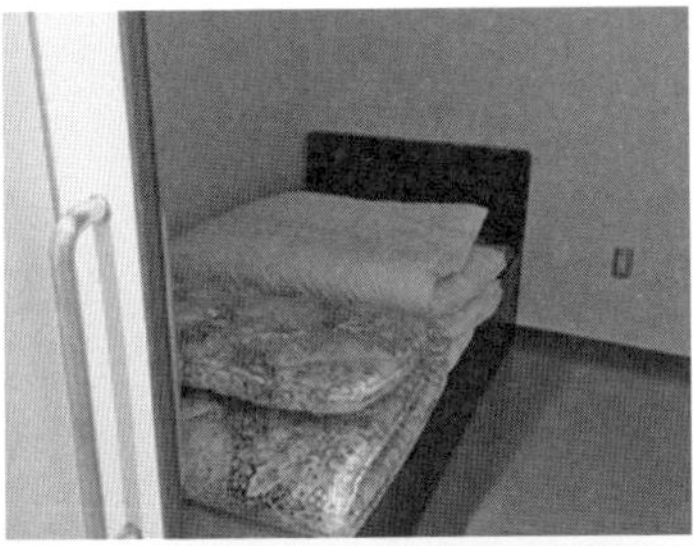

までも、体力温存のための仮眠室だ。指令が出れば、ここから一分以内に車に乗り出動する。

防火衣着装室。現場の服を着るところだ。火事で出動となると、食事中でもトイレでも仮眠中でもなんでもかんでも即座にこの部屋にくる。

以前上ノ山局長に「大便している最中に出動指令が鳴ると、皆さん拭かずに出動すると聞いたのですが？」とお尋ねしたことがある。

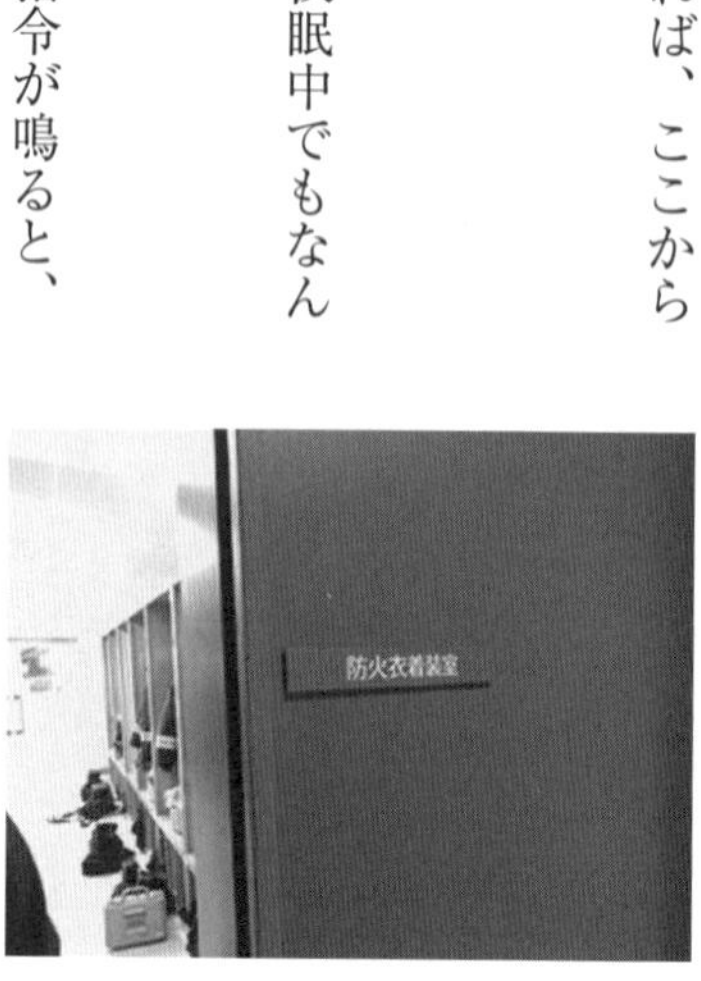

そしたら局長さんは静かにこうおっしゃった。「いいえ、拭きます……」と。残念ながら大便の途中で出動がかかったら拭かずに出るというのは都市伝説のようだ。
消防署のトイレットペーパーは「ファイアーロール」というその署独自の工夫でいざというときに引き出しやすいように加工がしてあるという。まあ、ようするに、女性がトイレットペーパーの先を三角に折るアレである。屈強な消防職員が大便のあとにセッセと先

っぽを折っているのだ。

また、仮に頭にシャンプーつけてシャワーしていても、出動がかかったら泡も流さずそのまま服を着て出ていくとのことである。

服は一人分ずつ下がっている。これは回転式になっており、今日の出番の人の服が下がっている。その後ろに、次の出番の人の服が見える。

靴とズボンはこんなふうに、即座に着用できるように各自が工夫してセットしておく。ここにスポッと足を入れズボンをあげれば下半身は完成だ。

そして上衣を着て、奥に見える扉を開ける。扉の向こうに見えるのが消防車だ。

消防自動車に乗りこみ、即座にスタート。現場に向かう。

119番通報を受け、オペレーターが話を聞いておおよその場所を把握した時点で、すでに消防車は現場に向かって走っている。走りながら、指令室からのさらに詳しい情報を元に現場に行く。だから、通報者は「早く早く！」と慌てなくていい。

日々の訓練のために

消防車や救急車がサイレン鳴らして出動するときは、常に非常事態の現場に向かっている。安全な火事だの呑気な事故だのお気楽な人命救助だの、そんな現場などはない。

いつも誰かの命がかかっている。もちろん、自分の命もかかっている。だから、生き

消防局の宝＝訓練棟

るため、命を救うため、彼らは日々訓練を続ける。

上ノ山局長が局長室の窓を開け「これが消防局の宝だよ」と言った六階建ての訓練棟。

先ほど紹介した無線鉄塔の後ろ側にある。駐車場からだと、その存在に気づかないかもしれないが、じつはここで日々重要な訓練が行われている。

今回、この中にも連れていってもらった。

下から見ると、こんなふう。

壁を使って、梯子をのぼる訓練。ロープで下に降りる訓練。ベランダに入っていく訓練

などなど。この建物がすべてまるまる訓練に使われる。

この棟の右側に回ると、実火災訓練室がある。

扉を開けると、じゃーん。

このように鉄でできたベッドのようなものがある。

そばで見るとこんな感じ。マットレスを敷いたらまさにベッドのよう。

しかし、これはそんな優しいものではないのだ。

ここで寝ていたら、かなり危険だ。

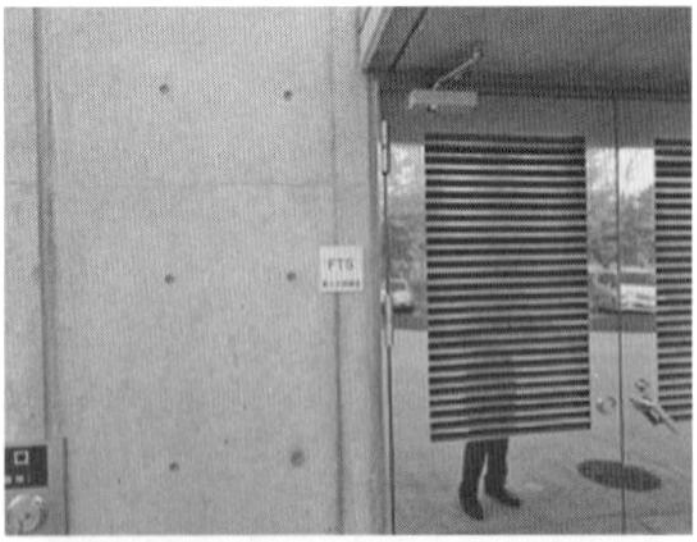

こんなふうに、あっというまに燃えあがってしまう。

そして、天井にも火が走る。火の熱で一気に天井に炎が走るフラッシュオーバー現象を再現している。これは、人工的な火事を作りだす装置なのだ。

意外に思うかもしれないが、じつは、一度も火事の現場に出たことがない若い消防士さんが少なからずいる。それはなぜかというと「火災件数が減ったから」という、わりと簡単な理由からだ。

火事は管内で毎日毎日何度も発生しているわけではない。消防士さんの勤務形態は二十四時間働いて翌日が非番、そしてその翌日が休日、つまり三日に一回の勤務となる。毎日一回管内に火事があったとしても、出動する可能性は三分の一。実際の新潟市の火事は平成二十七年度で一二五件であり、それが

各管内での火災件数となると十〜二十件前後となる。そうなると、なかなか実際の火事に遭遇する場面がない。

もちろん火事がないのはいいことだし、火事が減ったのは偶然ではない。火事にならないために、消防士さんも我々消防団員も自治会も関係各所一丸でがんばっている。だからそれは、努力の結果によるものなのだ。

その一方、火事がないということで、火事場を経験しないまま数年を過ごす署員がいるのも事実。それは、その人にとってプレッシャーであろうと思う。いつ実際に燃える火を相手に初出動しなければならないのだろうと思うと、心中はドキドキではなかろうか。

また、いまはマッチを使わない自動点火方式ばかりだし、またオール電化の家庭も増えて、実際に「火」を体験する機会のない若者が増えている。

それで、「火」の怖さ、熱さを本番に近い環境で訓練できるように導入されたのが、この実火災訓練室なのだ。

わたしは最初この部屋の入口で立ったまま撮影していたのだが、顔が熱くてまいった。署員さんに「体を低くすると楽ですよ」と言われ「あ、そうか」としゃがんでみたら、なるほど、先ほどの猛烈な熱さが消えた。

このことだけでも、実際の火を目のあたりにしたから感じることのできた体験である。消防署員さんたちは、ここをもっと過酷な状態にして、消火・救助の訓練をする。ちなみにこれは、日本海側の消防本部では初の設備である。県の消防学校にもないという。

さて、火のあとは水を見てもらおう。

潜水監視室という。

巨大な円柱の部屋であった。この円柱はなにかというと、プ

プールの外側

潜水監視室

ールなのだ。
プールといっても、もちろん娯楽用ではない。
この訓練棟には、直径5メートル、深さ7メートルの潜水訓練用プールがある。
この円柱のてっぺんの部屋に行ってみた。
中に入ったとき、そこは真っ暗だった。
夜間を想定した潜水訓練の真最中だったのだ。
彼らは、真っ暗な水の中に潜って人を救出する訓練をしていた。
モニターを見ながら教官が指示を出す。
そしてその後、こんどはプールの中が光り出し、

底から無数の真っ白な泡が沸いてきた。

視界不良の濁った水を想定した訓練が始まったのだ。

彼らの仕事は消火活動ばかりではない。

命を救うためのプロ。それが消防士なのだ。

だから、こんな訓練もある。

下の写真、これがなにかわかるだろうか？

じつは、地中に入ったマンホールを想定している。

ここで、マンホールに落ちた人を救出する訓練をする。

ここには三種類の太さのマンホールが用意されている。下のコンクリートの部分は、マンホールが繋がっている排水の通り道を想定している。まさに実際の現場と同じところで訓練している。

ここは事務所などの建物を想定した消火、救出訓練場。実際の什器備品を置いて訓練する。毎回水をかぶることになるので、全部コンクリートとなっている。

これは迷路。

観光地などにある巨大迷路と仕組みは同じであるが、こちらの目的は「生きて戻ってくる」ためのものだ。移動可能な金属の板で迷路が作られているので、何度かやって通路を覚えてしまうことはない。視界不良の場所から、壁づたいに脱出するための訓練に使われる。

これはマンションを想定した訓練。扉の向こうには、それぞれちがった間取りの空間がある。扉が鏡のようになっているのはなにか意味があるのかと聞いてみたら、錆びないステンレスを使っているためとのこと。べつに自分の勇姿を写し惚れ惚れするためではなかった。

扉の向こうのマンションの中。

ここも訓練で水浸しになるので一面コンクリートでできている。

ベランダもある。眺めもいい。

実際の部屋と同じようにできているから、家具を置けば実際に住むこともできそうだ。

建物の外では、新人の消防士さんが放

水の訓練を行っていた。

みんな、がんばっている。

新潟市西方面隊赤塚分団

新潟市の操法大会と言えば、「常勝赤塚」の赤塚分団を外しては語ることはできない。

市大会の出場は各分団の考えによって『回り当番制』と『予選会方式』があるが、新潟市西方面隊赤塚分団は九月にある演習の中で十五の班が出場する予選会をやり、そこで勝ったチームが新潟市の予選会に出るという方式をとっている。

そして、毎回出場しているのが　第三班。いや、もちろんほかの班がすべてサボっているわけではない。打倒三班に燃えているところもしっかりとあるのだが、それでも毎回三

班が選抜される。それはなぜかといえば、とにかく圧倒的な練習量の差であろう。

今回はその三班の中の三人と新潟駅前の居酒屋で合流し、お話を伺ってきた。

メンバーは、

元団員で、常勝赤塚の指揮者であった飯田正樹さん。カメラを向けると、テレてこういうポーズを取ってしまうシャイな人。

現役の団員で指揮者をやっている山本修司さん。じつは、次の話「家族の理解」に出てくるS・Y君だったりする。

そして、飯田さんのイトコで新人団員。現役花火師の金子泰

之さん。入ってみたらとっても楽しく、どうしてもっと早くから誘ってくれなかったんだろうと言う、ちょっとした変わり者（笑）。

家族の理解

消防団の活動は、なかなか世間から認めてもらえないということは、これまでなんどか書いてきた。しかし、じつは世間だけではなく、ときには家族からも疑問視されてしまうこともないわけではなく、それが当事者としてはなかなか辛いわけで。

たとえば、この常勝赤塚分団は、よその分団からは常に一目置かれる存在となっているのだが、それはつまり、毎回それなりの成績を残すことが期待されてしまっているということでもある。

すると、その期待に応えるためにさらに負けられなくなり、どんどんがんばらねばならぬわけとなる。

がんばることはわるいことじゃない。いや、とってもいいことなのだ。だから、そんな自分たちのがんばりを、消防団関係者ばかりではなく、家族にも見てもらいたい。そしてオレたちのやっていることをしっかりと知ってもらいたい。そう思ってチームの指揮者S・Y君は奥さんに言ってみたのだ。

「あのさ、こんどの大会、子どもと一緒に見にこないか」と。

すると、即答。

「どうしてこの暑い中、そんなの見なくっちゃいけないのよ！」と、ケンもホロロの「ああやっぱり」的な反応をされ「すまん、オレがわるかったです」と静かに消沈するS・Y君であった。

そうだよなあ、操法大会なんて、知らない人から見たら非生産的なことと思うよなあ。わかってもらうのは難しいよなあと思いつつも、やっぱりちょっとせつなかった。でもまあ、しょうがない。「わかってくれ」って言うのがムリなのかもな。こういうのは、やらないうちはわからないだろうから……と思って寂しく納得した。

そして大会当日。

S・Y君のチームの出番がきた。その日もとても暑い日だった。

「よしっ」と自分に気合をかけ、S・Y君たちは開始線に並んだ。みんなも気合が入っている。後ろから、仲間たちの応援する声が聞こえる。

うん、家族に理解されなくてもいいさ。オレにはこんなステキな仲間たちがいるんだもの。苦労をともにした仲間たちがいるんだもの。

「がんばっぞ！」と心の中でS・Y君は叫んだ。

「操作はじめ！」

「よしっ！」

いつもの通り、操法は開始された。

いいぞ、順調に流れている。ホース展開にミスはなし。

S・Y君が放水線に辿り着き、視線の焦点を火点に合わせ、ノズルを操作し……「あっ」と思った。

あ、あれ？

どうしたんだよ？

ダメだろ。

困るよ。

想定外だよ。

ビックリだよ。

サイコーだよ。

火点のその先に、彼の奥さんと子どもたちが立って見ていた。そして「パパがんばれ！」と応援していた。

「消防団なんてダイキライ」と言っていた奥さんだって、ほんとは彼の日ごろのがんばりを知っていた。彼と、彼が夢中になっている消防団を応援していた。でも、甘い顔ばかりもしていられないし。

「伝達終わり！」

「よしっ！」

「筒先員交代！」

その日の彼は、奥さんや子どもたちが思っているいつもの彼よりも、ほんのちょっとカッコよさが上をいっていたのじゃないかな。「うちのパパ、やるときはやるね」と、思ってくれたのじゃないかな。

赤塚分団、やっぱりすごい。

祝勝会

そして大会終了。

皆さん家に戻って着替えてから祝勝会へ。

常勝赤塚分団の祝勝会は、じつは会費制の自腹である。何度も書いているように、消防団の会計はおしなべてビンボウなのだ。日ごろから活動が活発なところほど、資金が不足する。赤塚のようないっしょうけんめいなところは、班でプールされた団員たちの稼ぎでは間にあわず、各々が会費を持ってきて祝勝会をするのである。

その仕組みが、家計を預かる奥様たちにはウケがわるい。「バッカじゃないの！　どうしてあんなに難儀なことして、それでまたお金まで払っているわけよ」となるのだが、ああ、バカなのよ、バカは承知なの。バカでいいの。バカだからやめられない男の付き合い。

そして、そこにオヨバレしてくるOB団員さんたちも、ご祝儀持って行くわけで、「なんで辞めたのに行かなきゃいけないの？」と奥さんに言われ、ああ、それを言葉で説明しきれないもどかしさ。苦楽を共にしてきた仲間たちのメデタイ席だよ、気持ちよく参加させてくれぃ……と言いたいところが、言えばその何倍も言葉が返ってくるわけで、じっと耐えて「スマンスマン」と頭を下げる男一匹。

たしかに奥さんの言い分が常識的には正しい気がする。

「消防って言えばなんだって許されると思って！」と奥さんは怒るが、ホントにホントに奥さんの言うとおりなのだ。だから「スミマセンスミマセン」と、わたしからも心から謝っておきたい。こんなことに夢中になって、やっぱりバカなんです。ホントにホントにバカでスミマセン。いいヤツらなんですけど、裏切らない仲間たちなんですけど、一生懸命なんですけど、ちょっとバカなんです、スミマセーン。

「新潟県消防操法友の会」

消防団って、やっぱりちょっとバカなのだ。

何度も書くが、経済的な損得で考えたらどうしたって、損だ。消防に費やす時間を自分たちの仕事に使ったほうがはるかに稼げる。消防団やったおかげで家が建つなんてことは滅多になかろう（ゼロとは言わない。もしかしてこの本が何万部も売れたら建つかもしれない）。

そんな、自分の金儲けにもならないことを、汗水流して一生懸命にやっている消防団関係者の集まりがある。その名は「新潟県消防操法友の会」。新潟県内の消防団・ＯＢ・有志の横の繋がりを築こうという趣旨の任意団体である。ちなみに、新潟県消防協会・完全未公認とのこと。同じ悩みや苦労、競技における技術の向上と研究、訓練の工夫、奥さんへの言い訳などなど様々な情報を共有することも目的としている（らしい）。

今回の集合場所は、新潟県の北の外れにある山北町《さんぽくまち》・府屋《ふや》であった。ちょっと歩けば山形県になる県境の町である。ここに県下各地から十三人集まった。いちばん遠くは、南の外れの上越からだ。こちらも県境。五分も歩けば長野県だという。南の果てからはるばる北の果てまで、ほんとにたいしたものだと感心していたのだが、しかし、よく考えてみたら、いちばん遠くから会場入りしたのはわたしであった。前日に岩手の山田町消防団を取材して、翌日九時間車を運転して参加したのだ。先に書いた操法大会常勝の赤塚分団ＯＢ飯田さんに誘われて、面白そうなので来てしまった。

宿に着いてすぐに飯田さんと合流し、彼の車で今回の幹事役である地元消防団の板垣さんのところに向かった。待ちあわせ場所を探している道中で猿を見つけてビックリ。アスファルトの道に生《なま》の猿が座ってこちらを見ている。こんな光景、生まれてはじめてで興奮した。すかさずカメラを構えたのだが、猿はわたしがシャッターを押す前に去って行く。サルものは追わず、いや、ここは追いたい。しかし、追って行ったら木に登って手の届かないところにいってしまった。

板垣さんに会ったので、はじめましての挨拶もそこそこに猿を見たことを興奮気味に伝えたら「あ、そうですか」とあまりにあっけないお返事。このあたりの道に猿がいるのはアタリマエのことであって、我々が庭でスズメを見るのと同じくらいのことなのかもしれない。うーん、ステキだ。

さて、今回の幹事の板垣さんは、村上市消防団山北方面隊第二分団第二部、通称「中継《なかつぎ》消防」に所属している。その板垣さんに、自分たちの操法訓練場を案内してもらった。

この場所から建物の左端まで走っていく。

廃校になった小学校の、その広くもないグランドが訓練場であった。そこはけっして環境のいいところではないという。そのグランドを斜めに突き抜けて、ようやく操法の距離が確保できる状態。しかも、グランドの入口は荷物を運ぶトラックの方向転換場所になっているそうで、地面が傷みがちだ。

板垣さんは「ここがいつも低くなって水が溜るんです」と指さしてくれた。

その傷んだところに土を敷いたり、また選手の練習がはじまる前に溜まった雨水をチリトリで掬いとったりスポンジに吸わせたりという地味な作業をやっているという板垣さん。そういう地道な縁の下の力持ちになれる人、そこがやっぱり消防団員だなあと思った。

その夜の宴会のときご自身のことを「自分、バカなんです」と言っていたのだが、消防団員は、優しくってちょっとバカな

人が多い。

参加名簿（敬称略）

村上市消防団山北方面隊第二分団中継分団

分団長　板垣忠道

団員　板垣敏樹

団員　板垣　真

団員　菅原　将

団員　菅原史裕

第一分団

団員　竹田幸太

団員　富樫知之

団員　板垣和隆

上越市消防団本部分団長　加藤善行

妙高市消防団妙高高原方面隊第四分団長　吉沢光弘
妙高高原方面隊本部分団　竹田幸光
『元』新潟市消防団西方面隊赤塚分団第三班　飯田正樹
特別ゲスト　藤田市男

ちなみに、なんど説明しても「また税金を不正に使って飲んでいるぜ」と思う人もいるかもしれないので念のために書いておくが、完全自腹の明朗会計。

地元自治会での防災訓練

わたしの地元の町内会で防災訓練があった。災害は平日の日中でも起る（アタリマエのことなのだが）ということを想定し、若い者たちが勤めに出て、町内に残っているのはお年寄りばかりということを想定して訓練をした。

AEDをはじめて見るお年寄り。機械が話しだして驚いていた。

将来自分が心臓マッサージを受けるようなことがあっても、自分が他人にしてやることはないと思っていたと、冗談のようで本音のようにしみじみ語っていたお年寄り。

ほかに、三角巾の使い方や初期消火訓練、119番通報訓練などなど、かなり盛沢山のイベントとなった。一通りの訓練を終え、最後は皆さんとアルファ米を試食しながら歓談した。アルファ米のおいしさに驚いてもらって、こちらも満足。

わたしの生まれ育った地元であるから、やってくる人のほとんどが顔見知りである。「あらイチオちゃん、立派になって」と八十過ぎのオネエサマたちから声をかけられ激しくテレた。

生まれてはじめてハシゴ車に乗る

消防団のイベントなどでハシゴ車が展示され、見学者の皆さんに体験していただくことがある。そういうとき、消防団としてそのお手伝いをすることは何度かあったのだが、わたし自身が乗ることはなかった。

じつを言うと、わたしは高いところが好きなのだ。だからハシゴ車に乗りたくてしょうがなかった。しかしいつも大人気で行列になっているので、スキをみて乗っちゃおうと思っても、そのスキが見つからない。まさか、子どもたちと一緒にこっそり並んで順番を待っているわけにもいくまい。だから、乗りたいのに乗れないという状態がずっと続いていた。

しかし、それがついに叶うこととなった。あるラジオ局の取材に同行し、ちゃっかり体験してきたのだ。

場所は新潟市の秋葉消防署。三階の署長室に入ると、体格のいいS署長さんが「いらっしゃいませー」とお出迎えしてくれた。

アナウンサーの船尾佳代さんがS署長に防火についての取

いつもは子どもたちばかり

材をし、その後、実際に１１９番に電話する通報訓練をしていた。

わたしも何度か通報訓練をしたことがあるけれど、これは意外とドキドキするものだ。本当に１１９番に電話をし、話す相手も本物のオペレーターであり、本番と同じように聞いてくる。

船尾佳代さーん、マイクの位置、そこじゃダメだと思いまーす。

マイクの位置ちがいまーす!!

その臨場感のある様子を録音しようとがんばった船尾さんだが、マイクの位置を自分の耳のほうに持っていけばいいのに、口に持ってきてしまって１１９番の本物の声が録音されていなかった。ざんねーん。それだけ緊張する訓練ということだ。
消防署に行くとわかるが、しょっちゅう「入電中」とのアナウンスが入る。１１９番が入った時点で所轄の消防署全部に「入電中」と報告が入る。そして現場の位置がわかった時点で、ＧＰＳから位置の記録された最適な消防車が選定され、そこに出動の指令が出る。

１１９番のオペレーターと話しているあいだに、すでに消防車は出動し現場に向かっているので、万が一のときにも慌てず話していけばいい。

なかには興奮して「話はいいから、早く車を出してくれ！」と叫んでいる人もいるらしい。気持ちはわかるが落ちついて。もう車は出ているのだから。

さて、一通りのインタビューが終わり、次は外に出て、まずは記念撮影。船尾佳代さんは、署長さんの大きな服を着て喜んでいる。わたしだけ、やけにラフな格好であるが今回はエッセイストとしての参加だったのでご容赦を。

ちなみに、職員の皆さんは、普段のオレンジの服の上にこれを着て、さらにボンベを背負い、重たい器材を持って現場で動

きまわっている。日々の鍛錬がいかにたいせつか。

ちなみにこれは現場で背負う酸素ボンベならぬ空気ボンベ。二十キロぐらいだったと思う。

そして、メインはこれ。

滅多に乗れない車。そう、三十メートル級のハシゴ車である。

ちなみに、イベントなどで体験できるものよりもかなり大きなものだ。乗れてラッキー。わたしは高いところが好きなので平気なのだが、船尾さんはなんか不安げ。署長さんが「大丈夫かなー?」って感じで見ていた。

ま、そんな心配はよそに、ハシゴ車は順調にのびていく。景色も最高。天気がいいと佐渡も見えるそうだ。

消防団もそうであるが、線の太さと数で階級がわかる。S署長さんのヘルメットは信頼の三本線。「この人、すげーえらい！」というヘルメットである。ちなみにわたしの階級の線はもっと細く、しかも二本だ。

この日は暑かったのだが、上空は涼しく快適だった。再び地上に戻ったら、輻射熱を感じて汗ビッチョリ。でも、意外と緊張がとけて安心して汗が出たのかもしれない。

最後に関係者以外は滅多に入れない場所を紹介しよう。隊員の皆さんの仮眠室だ。バーベルなども見える。日々鍛えている。ここで制服のまま横になっていて、通報があれば即座に活動し、だいたい1分後には車が走り出しているという。

モノ書きという仕事はいいなあと思うのは、取材という名目でいろんな体験ができることだ。今回もたいへん貴重な時間を

いただいた。

同級生たちの活躍

地元消防署のS署長が新潟市消防局の次長になって、その代わりにやってきたのがW署長であった。

当初、次の署長はWさんと聞いたとき、「W……もしや、あのW君であろうか？」と思った。

じつはわたしの高校時代の同級生にWという男がいて、スポーツも勉強もできて、またケシカランことに女の子にもモテるという、ホントにもうどうにも許しがたいやつだった。

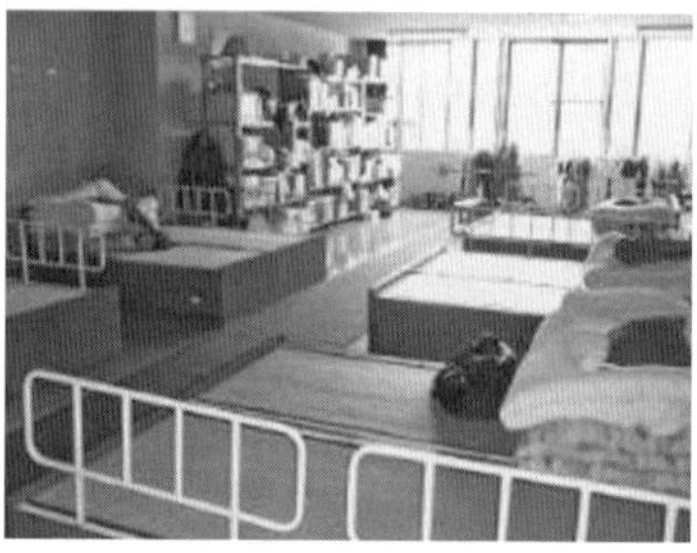

隊員さんたちの仮眠室

その彼が消防署に勤めたという話は聞いていたのだが、まさかそのW君が署長に？　と思って聞いてみたら、まさにそうであった。いやもう、偉くなる男は高校のときからその片鱗があるのだなあと思った次第であった。

また、取材で消防局に行ったとき、指令センターも見学させてもらったのだが、そこで思いがけずに会ったのがT君。彼もまた高校の同級生だ。当時わたしは短髪で、彼はそれを指さし「タラちゃん、タラちゃん」と呼んでいた。ちなみに彼もまた偉い人の座る席にいた。みんながんばっているなあと思った。

離島の消防――新潟県粟島村

何年か前に、旅のガイドブックの取材で粟島に行ったことがある。自然豊かな場所であり、住んでいる人たちもまた親切でたいへん居心地のいい島であった。その粟島の防災についていて教えてもらいたくて、また行ってきた。

高速船を降りてすぐに粟島浦村の消防団係の渡辺さんに見つけてもらい、そこからすぐに役場に向かった。役場は港から歩いてすぐそこにある。

団長さんと副団長さんが待っていてくださった。

栗島浦村消防団の脇川義人団長（手前左・現在退団）さんは民宿じんきちのオーナーであり左官であり漁師である。

副団長の本保司副（真ん中・現在団長）さんは粟島浦村の銀座通り（脇川団長命名）にある丸屋商店のご店主である。営業時間　朝六時〜夜十時。年中無休で営業している。

粟島概要

岩船港から三十五km、日本海に浮かぶ周囲二十三km、面積十平方kmの小さな島、それが粟島。人口は三百六十人ほどで、その約半数が六十五歳以上だ。

この島に消防署はない。警察も基本的にない。出張の交番が、夏場にあるだけだ。

消防や警察がなくても災害はある。そんなときに頼りになるのが消防団だ。まさに自分たちの島は自分たちで守らなければならないのだ。

島内では建物が密接していて、一旦火事が起るとどんどん延焼していく可能性が高い。だから、「とにかく火を出さない」ことがたいせつだ。

そのために防災に力を置いている。なにかの会合があってお話をするたび、また文書を配布するたび、最後の言葉は「火の用心」で締めくくるほどの徹底ぶりだ。

粟島・あるものとないもの

海と山と竹やぶと人情は豊富にあるが、我々がふだん何気なく使っているものがない。この日わたしはスマホの充電器を忘れていってしまった。宿についてから気がついたのだが、「まあ、なんとかなるだろう」と思っていた。しかし、「なんとかならない」。島じゅう回ってスマホの充電器やバッテリーを売っているところを探したのだがなかった。宿のおばさまに「スマホの充電器があったら貸してください」とお願いしたら「スマホってなんだろ?」と聞かれ、充電器の調達をあきらめることにした。まあ、最終的には役場の渡辺団係さんから借りることができて、なんとかしのぐことができた。

粟島浦村消防団

粟島の団員は平成二十六年四月一日現在、一〇三名。村人だけではなく、外から島に働きにきている人たちも団員として採用されている。また、島内の女性も男性と同じように消防団として活躍している。

粟島の港のほうの内浦地区が第一分団、そして夕陽がきれいな釜谷地区が第二分団となっている。

第一分団には第一部、第二部、第三部とある。

特徴的なのは災害団員として登録されている第三部であろう。そこは男性二十人、女性十七人で構成されている。島の団員の皆さんは、一旦定年（男五十五歳　女五十歳）になるのだが、その一年後に災害団員として採用されるという。定年まで消防団員お疲れさま……となって、一年間休んでもらって、また復帰してもらう仕組みなのだ。

ちなみに第二分団は、第一部が一般団員であり、第二部が災害団員登録である。

女性団員だけの分団もある。同じ姓の人が多いので、作業帳には、下の名前で書かれている。

粟島浦村は村全体で防災意識が高い。それは、粟島では家が密集しているので、一旦火災が起れば類焼の可能性がたいへん高い。だから、消防団のみならず村全体の意識も自ずと高くなる。島民全員で防災なのだ。

その防災意識の高さゆえに、火事が少ない。すると、火事を知らない団員も出てくるので、その怖さを少しでも伝えることができるようにと、今後は火事の様子のビデオを見せようと考えているそうだ。

小型ポンプは年代もの

「オレたちの爺さんの代から使っているからなあ」と言っていた。何年前からあるのか、正確にはわからない。朝日村や村上消防の払い下げのポンプを大事に使っている。

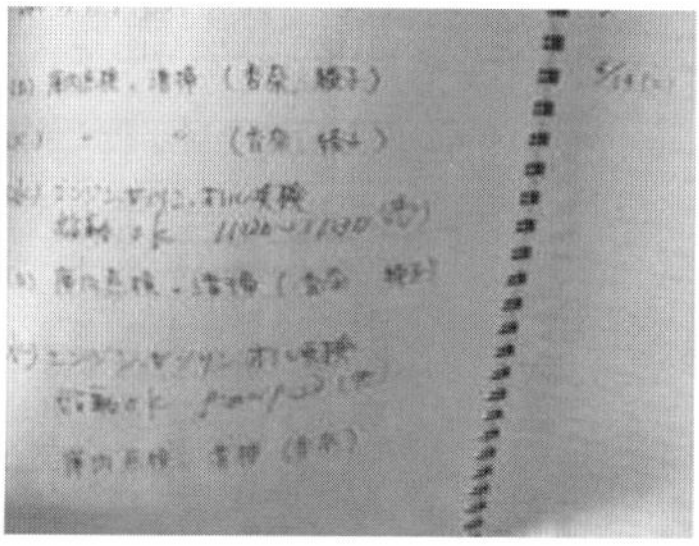

しかし、小型ポンプは年代ものでも、消防車は本格的で新しいものが入っている。

島のいたるところに写真のような土石流についての看板が出ている。

海岸と山とのほんの少ない境目に集落がある。

粟島浦村は釣りや観光として立ち寄るにはとても良いところであるが、いざ定住するとなると苦労も多いところじゃなかろうかというのが正直な感想である。

山からは土石流、海からは津波。つねに自然災害と隣りあわせの島が粟島である。

全島一丸の防災意識。だから、消防団

の存在価値をみんなが認めている。

追記：この取材のあと脇川義人団長は引退し、本保副団長が団長にあがった。

団長の民宿に泊まる

さて、その取材から一年後、またわたしは粟島に行った。

じつはわたくし、たしなむ程度ではあるが、マラソンをやっている。「チームつるかめ」というランニングチームの会長もやっている。会長などというとすごく速そうに思われるかもしれないが、ただわたしが作ったチームだから会長をしているだけで足の速さとはまるで関係がない。

平成二十七年四月二十六日に、第一回の粟島一周マラソンがあるとの情報が入り、さっそく参加した。

メンバー五人で元団長の民宿「じんきち」のお世話になった。前日の午前中から粟島入りし、そこで軽く走ってみようかとも思ったのだが、粟島が楽しくてそれどころじゃない。

ウミウシやナマコが目の前の海にいて、それがよーく見え、手をのばせば届く……などというのはやはり島の醍醐味であろう。

当日は、ナマコばかりではなく、こんなピカピカな積載車（？）も発見。納車されたばかりだろうか。

十二時ちょうどに宿に戻るように言われていたのは、輪っぱ汁定食を予約しておいたからだ。石を真っ赤に焼いて調理する都合上、時間厳守の料理なのだ。我々は十二時ちょうどに、その輪っぱ汁定食をいただいた。「サービスです」と出してもらった刺身がまたいい。さっき船の上でシメてきたという。おかげでスーパーで買うのとはちょっとちがった刺身に出合うことができた。また「ヘンな顔している魚で本当の名前は知らないけど、これがうまいんだ」という興味をそそる魚の酢の物。これがまたプリップリでステキすぎる味だった。ご飯はもちろんおかわりした。

その後、脇川元団長の運転で島内のコースを案内してもらったのだが、「ここが竹下通り」とか「ここは桜坂」とか、なかなかステキな名前の道がある。

しかし、よく聞いてみるとそれらはすべて脇川元団長が自分でつけて自分で呼んでいるだけのようだ。竹が道の上のほうに生えているからその下は竹下通りであり、坂道に桜の木があるから桜坂というらしい。

それらの地名が島内ではどれほど認知されているのかは敢えて聞かなかったが、元団長の粟島を愛するがゆえの命名であることにはまちがいない。

ちなみに、坂道を赤くして「赤坂」にしようという考えもあるとのことだが、赤くする方法がわからないので、未だ粟島に赤坂ができていないと残念がっていた。

その日、仲間たちと外を散歩しているときに現団長の丸屋商店の車が走っているのを見つけ「わーい」と追っかけてみたが、さすがに追いつけなかった。

口永良部島噴火

本書執筆中に口永良部島噴火のニュースが入ってきた。

平成二十七年五月二十九日午前、鹿児島・口永良部島の新岳が噴火した。火砕流も発生し、八十二世帯全百三十七人に島外への避難指示が出された。

そのときの島民の救助、避難に消防団員が活躍したという。

粟島同様、消防署のない島・口永良部島では、自分たちの島は自分たちで守る精神でがんばってきたにちがいない。

その後、一時帰島のメンバーに消防団も加わり、留守宅の戸締まりやガスの元栓などを確認してきたとの報道が入ってきた。がんばっている、口永良部島。

白馬の奇跡

また、離島ではないが白馬についても書いておきたい。

平成二十六年十一月二十二日二十二時八分、長野県北部を震源（深さ五㎞）とするM六・七の地震が発生し、全壊建物：三十三棟　半壊建物：六十棟の被害が生じた。

死者：ゼロ　重傷者：十名　軽傷者：三十六名

壊れた家の下敷きになり、その場で亡くなる人がいなかったことはまさに奇跡だった。

その後、全員生きて救出されたことは、やはり地域の力が成しえた奇跡であろう。

地域に濃密な人間関係が存在し、「あの家に誰がいる。寝室

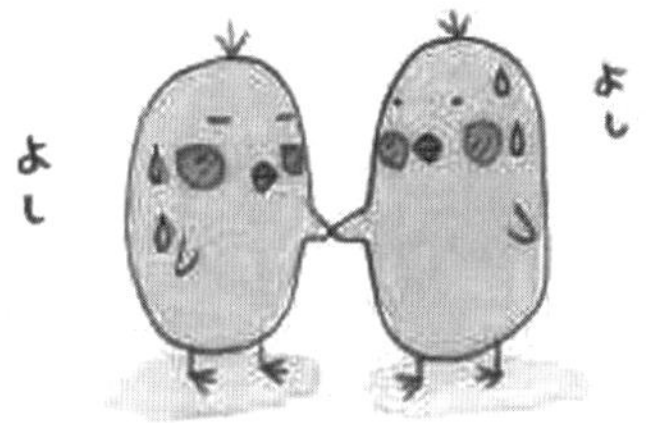

はどこか」など、それがわかっているからこその結果であった。短時間での住民の安否確認が完了し、不明者の把握ができた。

それを消防団に伝え、その結果、速やかな救助により、死者ゼロという白馬の奇跡を成しとげたのではなかろうか。

東京都中央区・京橋消防団

東京にいる知人に「そちらの消防団はどんな感じだい?」なんてことを聞いても、たいていは「消防団? そんなのないよ」とか、ひどいときは「消防団って、なに?」と聞かれてしまう始末。

しかし、大都会東京にだって消防団はしっかりあるのだ。

今回はその大都会の消防団を取材してきた。東京都中央区にある「京橋消防団」である。

名刺の交換中

京橋消防団は、昭和二十二年に発足し、いまは松戸純一団長以下、七個分団、一五三名、手引きポンプ七台、積載車三台で活動している（平成二十六年八月一日現在）。

その活動範囲は　八重洲　京橋　銀座　八丁堀　明石町　新富　新川　入船　湊　築地　浜離宮庭園……などなど。

何気なく書いてみたが、なんと、そこに世界の銀座があるではないか。日本中にある○×銀座の総元締め、日本全国の商店街の憧れを一身に集めているあの銀座である。

参考までに書いておくが、我が家の前の通りも「丸山銀座」と言われていた。丸山という名の町内に一〇〇メートルほどの通りがあり、そこにその地域唯一の商店（タバコ屋）があったので、誰ともなく命名されていたのである。しかし、商店は三年ほど前に廃業してしまって、もはや銀座の面影は消えた。

そんなふうに日本全国に○○銀座という商店街が存在するということは、それだけ憧れの対象であるということであろう。その本家本元の「銀座」で活躍する消防団の皆さまからお話を聞いてきた。

こちらの消防団の特徴は「勤務地団員」が多いことであろう。自分たちの住む街を自分たちで守る……が基本の消防団であるが、こういう地域では「住む」の定義が少しちがってくる。昼間は都外から通勤してきている人たちが多数であるが、その人たちは夜になればいなくなる。そんなふうに、都会の人口構成は夜と昼とでかなりちがう。

ちなみに、京橋管外からの勤務地団員は全体の五十五パーセントであり、管内の団員は四十五パーセントである。管外からの人たちの力がたいへん重要となっていることがわかる。

また、夜の災害では勤務地団員がいなくなる。そうなったときは管轄外の分団も共同して活動することになる。そのため、新年会などは分団合同でやるなどして、相互の親睦を深めているそうだ。

こちらの消防団では、三十年以上前から毎年八月に震災訓練をやっているという。確実にくると言われている関東の大地震。ここの人たちは、常にそれに備えていなければいけない。

こういう都会の消防団では、守るべき人が「自分たちの街に住む人」ばかりではないのだ。時間帯によっては、それ以外の人のほうが多い。つまり、この地域では、地域外からのサラリーマンや買物客も守る使命を持っているのだ。

3・11の震災でも帰宅難民が多数発生し、区民のためを想定した施設に区外の人が多く入った。幸いにして区民は自宅に戻れたからよかったが、そうでない場合は、避難民を収容しきれないことがわかった。そういう経験を生かして、さらに非常時の態勢を整えていっているとのことだ。

女性消防団員

またこちらの団では、女性団員が全体の十五%を占めている。消防庁が全国的に団員定員の一〇%まで女性の割合を増やそうとする方針を打ち出しているということであるが（いま現在は二%台）、すでにそれを大きく上回っているのが京橋消防団である。

こちらの女性団員さんたちは、男性に混じって操法大会に参加しているそうだ。それは女性用のちいさなポンプではなく、わたしたち男性団員が見慣れている鉄のカタマリみたいなあのポンプを使っての操法である。大会本番でいい結果を出せなかったときは、男性団員以上に悔しがるという。その姿を見て、男性団員の士気も上がることであろう。

苦情

いまの時代、なにをやっても苦情がつきまとうようだ。操法や演習の訓練をしていると、朝でも昼でも夜でも、ようするにどんな時間帯でも「うるさい」と言われるらしい。ときには警察に通報され、パトカーがやってきたこともあるそうだ。人のためにと思ってやっていても、そう思ってくれない人もいる。たしかに、自分が寝る時間なのに大きな声を出して訓練されていては迷惑だろう。それもわかる。音の響かない専用の訓練場でもあればいいいだろうが、そのようなものを作る予算もあるまい。

幹部の皆さんに、消防団について聞いてみた

出席者

松戸団長

七十二歳　団歴五十二年

松戸団長さんは自分が街のためになろうと思って入団したそうだ。お父さんが早くに亡くなり、ご自身が大黒柱になったとき、お母さんと相談して決めたそうだ。

つねに地域への貢献を考えていた。「でも、そのかわり家族からモンクが出たりするけれどね」と笑っていた。
自分を高めようなんて立派なことを考えていたわけじゃなく、ただただ人のためになりたくて志願したという。

小石川副団長
七十四歳　団歴五十一年
小石川副団長はひとりっ子。戦争中は疎開していたので、終戦で戻ってきたら、地元にあまり仲間がいなかった。「そしたらちょうど松戸（団長）さんが『オマエも入れよ』と誘ってくれたので入団した」とのこと。
消防団に入ったら上下関係を覚えられるし人間関係が広くなってよかったそうだ。「人の輪が財産だな」としみじみ語った。

保坂副団長
六十七歳　団歴三十八年

保坂副団長はいわゆる企業団員。夜はこの街には住んでいない。

消防団に入ってからは、いつも「そのときになにができるか」を想定するようになったという。いまこの電車の中で人が倒れたら、そのときどうするか。目の前で火事が起きたらそのときどうするか。団員になってからは、つねにそういうことを考えて行動しているそうだ。とても知的な雰囲気を漂わせている人だと思った。

小林副団長

六十九歳　団歴四十年

小林副団長は、じつは「五年くらいやっておけばいいのかな」という軽い気持ちで入団したそうだ。商売をやっていた関係でいろんな付き合いもあるし、入団の勧誘を無下に断れないし、ということだったようだ。しかし、やってみたら「消防団をやめると寂しくなる」と気がついたという。すっかり消防団の生活が馴染んでいたのだ。

「消防団に入ってから、人間として大きくなったと思う。皆さんがわたしを大きくしてくれた」とシミジミ語っておられたのだが、それを聞いていた皆さんから「おや、今日はずいぶんと謙虚じゃないか」「先日の祭りのときの発言とはだいぶちがうな」という意見が入って爆笑だった。

その先日の発言とやらを詳しく聞きたいと思ったのだが、時間切れとなってしまった。それが心残りである。

◇

その夜、同じ中央区に住む大学時代の同級生と飲みに行き、京橋消防団のことが話題に出た。そのとき彼から今回取材した人の名前が出てきてビックリ。彼は消防団には所属していないのだが、その幹部の皆さんとは祭りなどでお世話になっているとのことだ。「おとといも会ったよ」と。いやあ、東京も狭い。

東京都文京区・小石川消防団

本書を書き進めて行くうちに、Facebookで消防団の知り合いが増えていった。その中のお一人が進士智幸さんである。東京都文京区の小石川消防団に所属しているとのこと。

進士智幸さん

こちらの分団では、大災害時に備え、外部団体から講師を呼び、様々な救助救出訓練をしているそうだ。また進士さん自身も年に五・六回、他府県の常備消防や米軍消防などと訓練・検証をし、自分の分団に技術をおろしているそうだ。

最近の悩みは、自営業の団員が減ってきていること。在住団員、在勤団員、土日しか出られない団員、大学生団員、様々な形態の団員の使い分けをうまくやらなければ、団員確保は難しいとのことだ。

東北の震災以降、入団希望者は増えたそうだが（うらやましい）、面接にて大半の方の入団をお断りしているそうだ（なんと！）。

進士さんは言う。

「出られるときに出ればいいんでしょ？　と言うような人には、東京消防庁災害時支援ボランティアをすすめています。

最初から費用弁償のお話をされる方には、もらうお金より、活動中にお腹が減って食料を調達したり飲みものを買ったりしたりで、出費の方が多いですよと伝えると、音信不通になります」

また、団員のレベルアップについても熱心で、こう語っている。

「災害時、装備を身につけ活動していれば付近住民に頼られるわけで、そんなときに、『出来ません、分かりません、ちょっと聞いて来ます』という団員であっては、本人も可哀想です。うちの団は、ある程度のレベルを決めて、全員そこまで持っていけるようがんばっています」とのこと。

女子大生団員にも、チェーンソー等の資器材の運用からポンプ操作までやってもらう。救命技能のレベルも、全員あげた。一時的に、訓練の回数は、爆発的に増えてしまいましたが、皆、自信がついたのか、結果、活動が活発になってよかったという。

レベルも意識も高い消防団が、ここにあった。いつか、小石川消防団にも直接取材にいってみたいと思った。

滋賀県・東近江市消防団第八方面隊二十五分団記録保存委員会

こちらもFacebookで知り合った人だ。柴田和徳さんという。

地元消防団の活動をビデオに撮って編集し、それをDVDに保存している。わたしもそれをいただき見せてもらったのだが、始まってすぐに感動のトリ肌が立った。「おお、かっこいー！」。そして「そうだそうだ。うんうん」と肯いていた。

柴田和徳さん

ビデオ制作のきっかけは、消防団の真面目で真剣な活動を世間に伝えるためだった。柴田さん自身が入団する前から、消防団の存在はあまり知られていなかったし、イメージもよいものではなかった。

本書で何度も書き、わたしも悩んだ「消防団の実態を知らない人の思い込みによるマイナスイメージ」に、柴田さんも悩んだのだ。だからわたしにはそれを払拭したいという止むに止まれぬ気持ちがよくわかる。わたしの場合は、このように本にしてみたわけだが、柴田さんは映像で記録した。

このDVDを見てやる気のスイッチが入った団員も大勢いたようだ。そうだろう、なんといってもカッコイイ。オレたち消防団はカッコイイのだと確信できるビデオである。

現在、全国的に消防団員の数が減っていき、進んで入団する人はなかなかいない。その大きな原因には「平和ボケ・自己主義・無関心」があるのではないかいと柴田さんは考える。そして、消防団自体もなにをやっているのかわからない、ある種の閉鎖的な集団であった気もすると言う。

そのため、まずはできるだけ多くの人に消防団活動の意義と消防団への理解を深めてもらえるようになるためにも、今後もこうして記録を残し訴えていきたいということなのだ。

柴田さんは言う。

「我々は『消防団というプロ集団』という認識でいる。大規模災害に直面したときなどに、消防団の制服・活動服を着た我々を被災者はどのように見るかといえば、『消防の人がきてくれた。これで助かる』と思ってくれるにちがいない。それなのに『我々は（アマチュアの）消防団だから助けることはできません』などと言うことは、けっしてできない。『よし、任せてください』と言えなければ、消防団としての存在意義がないと考える。わたしはこれからも全力で走り続ける覚悟でいる」と。

ほんとうにほんとうに消防団が大好きで一生懸命な柴田さんであった。

秋田県消防協会由利本荘市消防団

平成二十五年九月、秋田県消防協会から研修会の講師として呼んでいただいた。

前夜からハリキっていた。なかなか眠れなかった。朝の四時に起きて五時に出発する予定だったが、夜中の一時半に目が覚めてしまった。さすがに早すぎるので無理矢理寝た。次に起きたのが三時半。もういいやって思ってベッドから出た。

緊張もあったのだろうけれど、楽しみのほうがかなり強い。遠足前のコドモの気分か。わたしの書いた「オレたち消防団！」の本を読んで、由利本荘市消防団の皆さんがわざわざ講演会に呼んでくれたのだ。仕事柄、これまでにもなんどか県外に行ったことはあるが、消防団の話としては、初の県外講演会なのだ。否が応でもハリキってしまう。

前日に妻が用意してくれた朝食を食べ、準備万端整った。しかし、まだ五時前。もう待てない、ちょっと早いけれど出発しちゃおう。

外はまだ暗く、虫が鳴いている。行き先をカーナビにセットして出発だ。カーナビが発明されたおかげでわたしはとても助かっている。もし、地図を見ながらのドライブであったら、三回に一回はたどり着けないでしまう自信がある。

さて気がつけばこんな山。これはもしかしたら鳥海山であろうか。

登ってみたいと思ったがしかし、講演前に体力を使っていら

れないのでやめておいた。

そして次に目についたのが風力発電の風車だ。道中にこういう風車がいくつもあって、はじめのうちは我慢していたのだが、ついに好奇心を抑えきれずに寄り道。風車の真下まできてしまった。

「ムオー」と音をたて激しく発電している姿に痺れた。ゆっくり回っているように見えるのだが、じつは意外と速い。時間を計ってみれば一回りするのに10秒もかかっていない。もしこれが遊園地の観覧車だったら、遠心力で気絶する人が続出だろう。
海岸線を走っていたら、平たい島が見えた。
おや、粟島だろうか？　先ほども見えていたような気がする

が気のせいか？　しかし、粟島ってこんなに平らだったっけな？

今回の講演は、いわゆる消防署や消防団幹部の皆さんを相手に話すわけで、わたしよりも年齢も階級も上の人たちがメインである。それはなかなか緊張する集まりであったが、しかしそこは同じ消防団。皆さん、真剣に「オレたち消防団！」の話を聞いてくださった。

そうそう、このときに美子さんという女性が「サインしてください」と本をもって控え室にきてくれた。かなり嬉しい。

さて、その後は懇親会。

滅多に手に入らないという貴重な日本酒を飲ませていただいた。そのあと新潟のラジオの電話生

出演があったのに、おいしかったのでついついたくさん飲んでしまった。後ろ髪引かれまくられながら部屋に戻った。そしてホテルの窓から夕日を見ながら、ラジオに出演。

その後、小腹が空き近所のスーパーに探検に行き、パンが安くなっていたのを見つけて大量に大人買い。

ついでにインスタント・コーヒーも買って、それからはコーヒーも飲み放題。その後、風呂に入って安らかに寝た。

さて、気がつけば朝。グッスリ寝た。

朝風呂入って、朝ご飯食べて、そして今回お世話になった消防団係のT田さんに見送っていただき（T田さんはホテルに泊まってくださいました）新潟に向かった。

せっかくの秋田、しかもはじめての秋田なので、もっとゆっ

くり見てまわりたい気持ちもあったけれど、翌日は午前中に新潟市で講演会がある。早目に戻って心の準備もしておかねばならず、残念。

さらば本荘グランドホテル。スタッフの皆さん、感じがよくってとってもくつろげた。

村上に入ったら粟島が見えてきた。

やっぱり昨日秋田でみた島は粟島じゃなかったのだ。どうりで平らだと思った。しかし、あれはなんていう島なのだろう。あとでわかったが、飛島というらしい。どうもわたしは地理に疎すぎる。

無事帰宅。ノンストップなら由利本荘までは五時間でいけることがわかった。でも、次はもっとゆっくりしていきたい。秋田、すっかり好きになった。あの消防団の人たちを見ているだけでわかる。秋田は、ステキだ。仲間と思ったらすぐに受け入れてくれる。そして、心から励ましてくれる。今回もいっぱい力をもらった。秋田の皆さん、ありがとうございました。

秋田余話

秋田のホテルから無事に電話出演できたチャットンロールの「イチ語市男」だったけれど、その放送中にパーソナリティの船尾佳代さんがヘンなことを言ったのだ。

「藤田さんの声の後ろから笑い声がする」って。

誓って言うが、ホテルの小部屋から、たった一人で喋っていた。

しかし、笑い声が聞こえているという。船尾さんばかりではなく、スタジオにいた大勢の人たちにも聞こえたらしい。

「……い、いやだわ。オバケかしら」とちょっと不安。しかしまあ、笑っているのなら、とりあえずは陽気なオバケなんだと思って、酔った勢いでそのまま寝た。

夜中になんどか目が覚めたけれど、ベッドの横に立っていたりしなかったし、メデタシメデタシ。

静岡県・浜松市消防団

わたしにとって、浜松市消防団は第二の故郷という気がしてならない。

前作、「オレたち消防団!」を読んでくれた静岡県消防協会から「新潟に視察に行くので、『オレたち消防団!』の話を聞かせてくれ」と声をかけてもらったのがおつきあいの始まりだった。

指定された日は平成二十五年七月の最初の火曜日であった。

毎週火曜日は夕方からラジオの生放送が入っているわたし。「皆さんが会場に到着したら即座に話はじめても三十分ほどでラジオ局に向かわなければいけない」と答えたら、それでもいいとのことだった。ただし、ラジオが終わったらまたすぐに戻ってきて、いっしょに夕ご飯を食べながらまた話を聞かせてくれと言う。そこまでして呼んでくださることに感激し、ありがたく引き受けさせてもらった。

約束通り三十分だけ話しをし、そのあと四十分かけてラジオ局に行き、放送終了後はまた四十分かけて会場に戻り、夕ご飯を食べている皆さんの席に「どーもどーも」と合流し、新潟の酒を飲みながら消防団について語り合った。そして、そのまま泊まって朝ご飯もいっしょに食べた。短い時間ではあったが、同じ釜の飯を食った仲。ひとつ屋根の下で暮らした仲。

そのとき、とくにお世話になった人が、浜松市消防団の増井東《ますいあずま》団長であった。「あなたを呼んだら、浜松にきて今日みたいな話をしてくれますか?」と言ってくれたので「はい、もちろん行きます」とお答えした。じつは、このときはまだ社交辞令かと思っていた。しかし、翌年の五月に再び増井団長とお会いすることができた。社交辞令などではなく本当に呼んでくださったのだ。その名も「浜松市消防団幹部研修会」。そうそうたるメンバーが集まってのところであって、かなりビビりながら話しはじめたのであるが、皆さん「うんうん」と肯いて乗せ上手。最後は声が出なくなるまで語ってしまった。

その講演のあとの懇親会の席で「わたしたちは、五年後・十年後の消防団のことを考えている。そのときのために『消防団ありかた検討委員会』を立ちあげている」と増井団長さんは教えてくださった。その委員会は、どんな意見でも聞く耳をもち、なんでも自由に話せる場所であるという。未来の消防団のために、階級を越えた忌憚のない意見を出し合っていく場であり、そこに出してくる意見には一切のタブーを設けないというのだ。

タブーがない……ということは簡単なようでいて難しいことだと思う。たとえばこれまでは団員としてタブーと思って提案できなかった「あんなこと」や「こんなこと」も、その場では堂々と意見として出せるというのだ。

いや、はっきり書こう。

たとえば、「操法大会は時間の無駄だからやめちゃおう」とか「わざわざ正月に出初め式なんてやらなくていいでしょう」とか「訓練減らせ」や「イベント止めろ」なんてことを堂々と言ってもいいと増井団長は言うのだ。ようするに無礼講のような会議である。しかしよくある「今夜は無礼講だ」と言われて飲んで、その気になって上司に意見したら翌日からひどい目に遭うようなタテマエだけの無礼講ではない。

「ダメなものはダメと言わせてもらうが、意見を聞く耳は持っているつもりだ」と増井団長さんは言う。
「そう、だからそうやって思いきった意見を出しても聞いてくれるトップがいるから、我々も腹を割って付き合っていけるのだ」と答えてくれた人は、浅野哲司副団長さんだった。

消防団であるから階級はある。階級が上がるにつれ責任は重くなる。有事の現場で咄嗟の判断が必要なときは、命懸けの命令も出さねばならぬ立場にもなる。そのようなときにはもちろんそこで意見交換などしている時間はない。全責任をもって上の階級の人が判断し命令を出さねばならないときもあろう。

しかしまた、平時にも自分の考えだけで推し進めていくようになると、その消防団はトップの色に染まりきった組織になってしまうであろう。正しく進んでいるときはそれもよかろうと思うが、一度ズレはじめると軌道修正も難しかろう。そういう意味でも、しっかりと周りの意見を聞き、消防団のこの先を柔軟に考えていく姿勢が、とても素敵だと思う。

イタリアンな浜松

やはり浜松消防団はステキだ。皆さん明るく陽気で、イタリアンな香りが漂う。そう、イタリアンといえば浅野哲司副団長さんがまさにそのような人なのだ。やたらとカラッとしている。まるで初夏の南イタリアの青空のよう。いや、イタリアには行ったことはないけれど、きっとそうだと思う。

今回、浜松の駅を降りてすぐに浅野副団長さんが車に乗せてくれた。そしてまっ先に連れていってもらったところがウナギ屋さんだ。そこでバリバリの本場ものをご馳走になった。それがもううまいうまい。これまで某国からの不自然に太った輸入ものばかり食べていたわたしは、その日の感動が忘れられず、いまはスーパーで買うときもがんばって国産ものを探すようになった。

食後に浜松城や航空自衛隊の施設などを車で案内していただいた。また地元の産業と消防団の関係なども教えていただき、気分は一気に浜松通。

浜松第六分団の冷蔵庫

その後、第六分団の詰所に寄せてもらった。詰所といっても、そこはちょっとちいさめな消防署にも思えるような、一言でいえばかなり豪華な詰所である。消防団としては大きな消防車があり、鉄筋の二階建てで、会議室まである。「ここで宴会なんかもやるんですか?」と聞いてみたところ「いえいえ、そんなことしません」とのお返事。当然である。消防団の会議室から飲めや歌えの大合唱が聴こえてきたりしたらカッコわるいし、浜松市民も黙っていないだろう。

その日はかなり暑い日だったが、詰所はエアコンが効いていた。もうステキすぎる。エアコンがある詰所はわたしの憧れである。

そこでお茶をいただき、団員の皆さんから消防団についての想いを伺ってみた。

その場にいたのは、

タコ祭りで消防団に勧誘され志願して気がついたら十五年目。消防の制服で歩いていると「ありがとうね」と言われ「やっていてよかった」と思った氏原さん。

訓練ばかりの毎日と思って心配だったけれど、入ってみたら楽しくてホッとした丸地さん。最初は知らない人ばかりだったけれど、だんだんと付き合いが広がっていくのがうれしいという。

人助けが好きで、消防団の活動にはもともと興味があったという藤田さん。上下のしっかりした関係も肌に合うとのこと。わたしと同じ名字なので、それだけでいい人だと思えてしまう。

気楽にお話させていただいたけれど、じつは皆さん分団長さんだったり方面隊長さんだったりで、ほんとは偉い人たちなのだ。

さて、その話を聞かせてもらった部屋には冷蔵庫があった。

「もしかして、ここにはビールがたっぷり入っているんじゃないでしょうね？」といじわ

るな気持ちで聞いてみたら、
「い、いいえ、そんな滅相もない。水とお茶だけです」というちょっと慌てたようなお返事。「そうですかー?」と許可をもらって開けてみたら、ホントに「水とお茶だけ」しか入っていなかった。ほら、抜き打ち検査でも意外とマジメなのです、消防団。

イタリアンな奥様

一通り市内を案内してもらったあとは、こんどは浅野副団長の奥様の運転で、浜松市消防団本部に向かった。

本部で幹部の皆さまに消防団への熱い想いを伺うために寄せてもらうことになっている。そしてそのあとに歓迎の懇親会を用意してくださっているというので、副団長は車を降り、こんどは奥様に運転してもらうということになったわけだ。ほんとうにもう、なにからなにまでお世話になってしまった。

ステキな奥様

消防団のマジメな冷蔵庫

こんなにお世話になっているのにナンであるが、ここだけの話、わたしはかなり心が狭いことを白状したい。じつはわたくし、他人の奥様が魅力的だったり美人だったりすると、ネタミと嫉妬で不機嫌になってしまう傾向がある。いやもう、このときも心の中ではしっかり不機嫌になりつつあったのだ。どうしてこのようなステキな人が浅野副団長さんの奥様になっているのだろう……しかし、考えてみれば浅野副団長さんがステキだから奥様もステキというだけのことなのだが、ああ悔しい。

浅野副団長さんにはいろいろお世話になったし、それに奥様が気さくで「そうよね、ウナギは食べられるときに食べておかないとイケナイわよねー。体をこわして食べられなくなったら悲しいわよ」と、お昼にウナギを食べたわたしたちの行動を称賛してくださったその姿に感動し、わたしの不機嫌は完璧に直り、それ以上にすっかりファンになってしまったことをここに書いておく。

浜松市消防団本部にて

浜松市消防団本部にて、幹部の皆さんから消防団への想いを伺った。

増井東団長は二十四歳で入団し、現在は七十歳ということだ。しかし、お世辞抜きでかなりお若く見える。

青年学級や青年団長なども経験し、若いころから地域のリーダーとして活躍された人なのだ。それでいて、けっしてイバっていない。優しく人の話を聞く耳をもっている。だからであろうか、そんな団長の下につく副団長さんたちも、皆さん陽気で優しい。

浅野哲司副団長は消防団生活三十一年目の五十七歳。わたしの一つ年上だ。年齢は一歳しかちがわないが、かなり頼りになる兄貴分という感じがする。消防にかける情熱はわたしなどとは桁違い。浅野さんはなんでも夢中になってやるそうだ。仕事もそう。消防団もそう。人が辛いと感じるようなことも、一生懸命に向かって、その結果楽しんでやっている感じが伝わってくる。消防団は社会貢献の場所であると言い切った。

川合正二副団長は団歴三十四年の五十五歳。小学校のころから少年消防クラブというところに所属していて、消防団を「かっこいい」と感じていたという。そして、災害のときにはぜひ活躍したいと思っていたそうだ。つまり、憧れの消防団に入ることができて喜んでいる人である。

ときに命の懸かる消防団であるから、たしかに厳しい面はある。しかし、その厳しさ以上に素晴らしい体験ができるところが消防団であることを、自分たちの下の世代にも伝えていきたいと語ってくださった。川合副団長さんは、テレビによく出てくる芸能人に似ているのだが、その人の名前が出てこない。この本が出版される前に思い出したらここに書けるのだが、うーん、思い出せない。

榊原尚彦副団長は団歴三十六年の五十八歳。副団長であったお父さんが火事で出動する姿を、子どものころから見ていたそうだ。ご自身は酒屋を経営して地元に根をおろしているわけで、地域に貢献するのは当然なのだと言う。消防団と青年団には当然入るものと思っていたそうだ。入団してみたら、回りは地域の先輩がたばかりで、その人たちと交流できることがうれしかった。入団する前は、顔は知っていても、それほど近しい付き合いはしていなかった。また消防詰所の近くに自宅があるので、火事があるといつも一番に駆けつけることができたこともうれしかったそうだ。入団して、操法や救命救急の技術を覚えるのが楽しいと思ったし、それをまた後輩たちに伝えることも喜びであったという。

西澤薫副団長は団歴二十四年の四十四歳。今回の中でいちばんお若い。シャイな感じのする副団長さんであるが、こういう若い副団長さんがいてくれるから団のバランスがとれるし、若い団員たちも近づきやすいと思ってくれるのではないだろうか。

ちなみに西澤副団長さんは、高校を卒業してしばらくしたら、二十歳ほど年上の大先輩が家にきて消防団に勧誘したそうだ。そのとき御両親はお酒を出して大先輩を歓迎したという。よくぞうちの息子を消防団に誘ってくださったと喜んでいるわけだ。

いまは、真面目な親ほど「うちの子に消防団はムリだ」と言うらしい。責任ある消防団活動にうちの子は勤まらないだろうと躊躇するのだろうか。

しかし、そんなことで西澤副団長は諦めない。冠婚葬祭やスポーツの場で若者に会ったらシャイな笑顔で入団を勧誘しているようだ。

浜松のUFO?

座談会が終わり、その後、ホテルコンコルドにて夕ご飯をご馳走になった。先ほどの幹部の皆さんと、こんどはアルコール入りでお話させていただいた。

やはり飲める人は飲んだほうがいい。

ここで、消防団の本の方向性や、新たな取材先などをリクエストしていただき、さらに本の中身が濃くなることとなった。飲んでさらに仲よくなったから言ってもらえるアドバイスである。さらにいい本にするために中身を濃くしていこうと思った。

ちなみに、この後の章に書いている「被災地の消防団」で広島を取材しているのだが、ちょうどこの夕食のときに、その広島の様子がニュースで流れていて、団長さんから「ぜひ、あそこの消防団活動も取材してほしい」とリクエストがあり、実現したものなのだ。

おかげで、どんどん出版が先延ばしになってわたしの生活も苦しくなっていくのだが、それでも本がよくなるのに越したことはない。

こんなとき、共働きでよかったと思う。わたしが稼がない間も、妻が給料をもらってきてくれるので、その間もとりあえず生活はできる。妻には頭があがらないが、この本がたくさん売れて印税がタップリ入ってくれたら、ちょっとはわたしのことを見直してくれるだろう。なんて、希望的観測。

コンコルドの窓から外の風景を撮ってみたのだが、夜の浜松上空にUFOが飛んでいたような写真が撮れた。実際には室内の灯が窓に写っただけなのだが。しかし、イタリアンな気分の浜松ならなにが起っても楽しく感じてしまいそう。浜松バンザイ。

愛知県・西尾市消防団

本書前段に書かせてもらった「叩かれた消防団」は、じつはこの西尾市消防団の話である。

その消防団の皆さんに会いたくて、わたしは愛知県に飛んだ。

こちらの幹部の皆さんは、おしなべて若い。その下にいる団員さんたちはもっと若い。そして、団長さんは毎年交代しているという。

その歴代の団長さんたちとお話させていただいた。

この地域では、昔は団長になると田地を売って団を運営し、地域を守っていたという。責任者は私財を投げうってでも地域を守る気概を持っていた土地の人たちである。その責任感は、いまでも生きている。

家業の店が新規オープンするときでも、ちょっと空いた時間に「消防団の操法訓練があるから」と訓練場所に行った人がいた。「こんなときくらい消防を休めないのか！」と母親に泣かれたそうだが「オレだけのことなら休めるけれど、団員たちが待っているのだからいかせてくれ」と説得し、出かけて行った。それは、酒が飲みたいからだろうか。なにか食べものがほしいからだろうか。それとも顔を出せば金が手に入るというのだろうか。ただただ責任感だ。地域を守る消防団としての責任感だ。

忙しいなか、集まってくださった皆さんの名前を紹介した

い。

平成二十三年度西尾市一色消防団　田中　三千雄団長
平成二十三年度西尾市吉良消防団　伊豫田　寿一団長
平成二十三年度西尾市幡豆消防団　鈴木　茂団長
平成二十四年度西尾市一色消防団　久保田　芳道団長
平成二十四年度西尾市吉良消防団　山本孝徳団長
平成二十五年度西尾市一色消防団　川口　達也団長
平成二十五年度西尾市吉良消防団　浅井　孝好団長
平成二十六年度西尾市一色消防団　佐藤　栄一団長
平成二十六年度西尾市吉良消防団　加藤　隆広団長
平成二十六年度西尾市幡豆消防団　木下　卓往団長

そして、消防署からも事務局の皆さんに参加していただき、合計十五名の方々からお話を伺った。

ひたすら前を向いて

正直言えば、悔しい過去もあった。だからといってイジケてしまって消防団を辞めてしまおうと短絡的には思わない。こちらの消防団の素晴らしいところは、反省すべき点も自分たちは理解しているというところだ。そして、いつまでも負の過去を引きずって恨み言ばかり言っていないところだ。ひたすら前を向いている。気持ちを前に向け、どうやって消防団をよりよくしていくか、地域の安心安全を守っていくかを考えている。

また市としても、これまで消防団のなかった旧西尾市内において、機能別消防団を設置する動きがあり、全体的にも前向きな方向に進んでいる。

会議終了後、ご馳走してくださるということで、皆さんとお昼御飯を食べに行った。わたしのプロフィールに「好きなもの・トンカツ」と書いてあったということで、行った場所はトンカツ屋さん。ヒレカツ・ロースカツなどなど各種揃ったメニューをみて、皆さん「味噌ヒレ」「味噌ロース」などを注文している。わたしは「味噌のない普通のロース」

を頼もうと思っていたのであるが「味噌がおいしいですよー」という控え目な声が聞こえてきた。その主は「味噌屋さん」をやっている団長さんであった。おお、そうでしたそうでした。ボクは生まれたときから味噌が好きなんですという顔をして「味噌ロース」を注文した。はじめて食べた味噌トンカツであるが、こんなにうまいものだとは知らなかった。

取材の旅記

わたしの車

東北方面への取材は、わたしの車で行った。

ちなみに、わたしの車は平成二年式でたいへん古い。ようするにボロい。だから、じつは毎回ちょっと怖い。高速道路で故障しないだろうかと不安になりながら、走行車線を地味に走っている。

買ったばかりのころは最新式のスポーツタイプで、どこでもバリバリ走ったものだ。いまではちょっと無理をすると、ボディがバリバリと音をたてる。

「そろそろ買い替えたほうがいいのでは」と言われるのだが、息子の誕生を記念して買った車であり、息子の成長とともにずっと一緒にいた仲間みたいな気分になっているので、なかなか替える気になれない。壊れては直しをくりかえし、新しい車が買えそうなくらいの修理費を使っているような気もするが、致命的な壊れかたをするまで、これからもずっと乗っていると思う。

車から降り

車で直接被災地を走ることで、その当時のことを少し肌で感じることができたと思う。

もっとも、感じることができるのは当事者と比べたらほんとうに「少し」だろうし、そのときの現場に居合わせた人たちの恐怖や苦労やがんばりは、わたしの想像力では間にあわないであろうけれど。

車から降り、復興した道路に立ってみる。青い空、白い雲。とても平和な情景。

しかし、その向こうに瓦礫が見える。すると、そのときのにおいを感じる。恐怖が伝わる。

この立っている場所の半径数メートルの中に、あの日、命を落した人がいるかもしれない。そう思うと、たまらなくせつない。

四万十（しまんと）

日本最後の渓流と言われる四万十川のある四万十に行こうとするとき、気をつけなければいけないことが二つある。

それは、四万十には「四万十町」と「四万十市」があるということだ。わたしはその二つが同じものと思いこんでいた。

それがちがうと知ったのは四万十に行く前夜、福岡で夕ご飯を食べているときだ。今回のこの四万十消防団を紹介してくれた長年のネット友である吉田明さんから「もしかしたら、フジタは場所を勘違いしているのではないかい？」という心配したメッセージをもらい、それではじめて己のアヤマチに気がついた。そのまま知らずに行ったら、あちらで大慌てするところだった。

ようするに四万十町に行こうとして四万十市に向かうのは、上越新幹線に乗って新潟の上越市に向かおうとするくらいの勘違い。もしくは、阿賀町役場に行ったつもりなのに阿賀野市役所に着いてしまったというくらいの大まちがい。いやどうも新潟県人以外の人にはわかりにくい比喩で申し訳ないが、とにかく知らずに行ったらたいへんだったのだ。吉田さんの指摘で、目的の場所までのキップを買い直し、無事にたどり着くことができてよかった。ほっ。

それからもうひとつ。このあたりに川があるからといって、それを四万十川と決めつけてはいけないということ。四万十町で川の写真を撮りながら「四万十川ってけっこう地味なんだなあ」と思ったのだが、それはじつは吉見川という川であって四万十川とは別物であった。それも吉田明さんに教えてもらって助かった。勘違いしたまま写真に撮って本に載せていたら大恥だった。

地味ながら絵になる吉見川。

この四万十町では、神様仏様吉田明様というくらいお世話になった。ちなみに、吉田明さんとは彼が東京でマスターネットというパソコン通信の会社で仕事をしているときに知り合った。かれこれ三十年以上も前の話。その会社がなくなり、付き合いもしばらく途絶えていたのだが、Facebookで再び出会った。

いつのまにか四万十町にいるから驚いた。

本人曰く「農業に魅せられて四万十町に移住」したとのことだ。いまは「恵菜ファーム」を経営し、奥様と二人で四万十川の豊かな自然の恵みを全国にお届けしている。

高知県・四万十消防団、高幡消防組合四万十清流消防署にて

四万十清流消防署で、署長さんと団長の橋本章一さんにお会いできた。消防署の名前に

「清流」という言葉がついていてオシャレだと思った。清流と聞くだけでサラサラと流れる爽やかなイメージが浮かんでくるではないか。

　こちらは消防署と消防団との関係がとてもいい。火事の現場などでも、どちらが上で、どちらが下ということはなく、水利の確保や筒先など、お互い協力しあっていっしょに活動しているという。それはまた消防団の技量も高いという意味になろう。

　わたしの見た限り、四万十町に盛り土されたような人工的な土手はなかった。四万十川は、平らな地面に深く溝を掘ったようなところを流れている。

　その日、日本最後の清流と言われる四万十川は、穏やかに、そしてゆるやかに流れていた。とても癒される優しい景色だった。

　しかし、この優しい四万十川は、山から流れる雨水をすべて受け入れる。その結果、どんどん水かさが増し、ついには先ほ

どわたしが四万十川と勘違いしたと書いた支流の吉見川の水位を越え、そこを逆流しようとする。そのままにしておくと、逆流され一気に水かさの増した吉見川の水が溢れ、それが四万十町に流れ出し街を水没させてしまう。

そうしないために、消防団は吉見川の水門を閉める。そうすれば四万十川からの水が逆流して入ってこなくなる。しかし、もちろんそれで解決ではない。水門を閉めるということは、吉見川の水の流れ場所がなくなるということになる。そのままでは溢れてしまう。

だから消防団はそこで大型の十インチポンプを六台使い、吉見川の水を懸命に汲みだし四万十川に流している。

この消防団の苦労を知らない四万十町の人も多い。いや、悪意があって知らないままでいるわけではない。なぜなら、そんな危険な大雨のときに、外に出ている人はいないのだから。悪天候の中、外にいるのは消防団とその関係者ばかり。

そんな消防団の懸命な活動があっても、ときにはそれが間にあわず、吉見川の水が溢れ町に流れ出してしまうこともある。そんなとき、結果として消防団の活動が意味のないものだったとなるのかというと、そうではない。水が溢れて付近一帯に浸水したとしても、消防団が排水作業をしているからこそ、それだけの被害で済んでいるのだ。消防団の活動がなければ、もっと大きな被害になってしまったということを知ってほしい。

そこの団長さんが橋本 章一さん（六十歳）である。二十五歳で入団し、団歴三十五年。職業は車屋さん。消防団の仕事が忙しく、家業を後まわしにしてしまうこともあるという。

「自営業は時間を自由に使えるからいい」とよく言われる。それはたしかに「いい」。しかし、消防団活動に使われて後まわしになった仕事は「やらなくていい」わけではない。その失った時間を取り戻すために、本来は寝ているはずの時間に仕事をしたり、休みを削ってみたりして帳尻を合わせているのだ。たとえば自由業のわたしであっても、消防団活

動のために失った執筆時間を、皆さんが寝ている時間にセッセと補っている。それでも間にあわず原稿の仕上がりに支障をきたすこともある。この本の発行が予定より遅れてしまった原因の一つは、消防団活動のためだとご理解いただけたら幸いである（うそです）。

閑話休題。橋本さんの話を続けよう。

橋本さんは地元の先輩に誘われて消防団に入団した。よくあるパターンである。わたしも先輩に誘われ断わりきれずに志願した。橋本さんも気が弱くて断れなかったのだろうな……と思ったら、ちょっとちがった。先輩が勧誘に来て、本人も両親も喜んだという。当時は消防団の人気が高く、なかなか入団できなかったそうだ。「消防団に入って男として一人前。消防団に入らないと嫁さんがこない」というほどの土地柄だった。さすがにいまはそこまでではないそうだが、それでも地域を守る消防団ということで皆さんから感謝され尊敬されているという。

ほかに、昔と今とでちがってきたことはありますか？　と聞いてみた。

以前は消防団活動費の一部を各家庭に回って寄付してもらっていたそうだ。回るときに、家の人と話をして火の用心のステッカーを置いたり消火器の点検をしたりしていたそうだ。それがいまでは「寄付を募るのはいかがなものか」というクレームを出した人がいたらしく、それもできなくなったとのこと。

まあ、寄付についてはその土地土地の考え方があろうと思う。しかし、たまに聞く都市伝説で、「寄付を強要する消防団。寄付を拒むと火事のときに火を消さない」という話がある。しかし、火事のときに嫌がらせで火を消さないような消防団があったら、いますぐ警察でもどこでも訴えてほしい。それはかなり消防団をバカにしている言葉であることをわかっていただければ幸いである。

沈下橋

ここにくる前、四万十川には沈下橋が数多くあると聞かされた。

「ちんかばし?」

はじめて聞いた名前であった。

普段の四万十川は、清らかに水の流れる川である。沈下橋の上から川面を覗けば、そこを泳ぐ魚が見える。そんな優しい四万十川が、ときには荒れる。

沈下橋は、増水時に川に沈む(沈下する)ことを前提に作られた橋である。川水の抵抗が少なくなるよう、橋に欄干が作られていない。抵抗が少ないから、増水しても水圧で壊されたりしないというわけだ。橋脚に平らなコンクリートの板を敷いただけのような橋。本流支流に合わせて四十七橋あるという。

橋の幅は狭く、車がすれちがうこともできないのだが、地域の人がこちら側とあちら側を行ったり来たりする生活道路として、たいへん貴重な存在である。橋はコンクリートでできた人工的なものでありながら、自然の風景に溶けこんでいる。だから、その存在に違和感がない。

壊れた沈下橋

増水時に壊れないために抵抗を少なくしている沈下橋……と書いたのだが、じつは、それでもときには壊れてしまう。ちょうどわたしが行ったときには、真ん中が流されてしまった沈下橋があった。このようなコンクリート製の重たい橋が流れてしまうのだ。やはり増水時の水圧はあなどれないものがある。

焼酎銀行

吉田さんに四万十町を案内してもらっていると、突然「四万十川焼酎銀行」という看板が出てきた。なんでも閉店した地銀の店舗をそのまま使っているとのことだ。

「ここに自分の持っている焼酎を預けると、利息がついて量が増えて戻ってくるのです」と吉田さんは言った。

「うっそー」と思ったが、冗談を言っているような雰囲気ではなかったので、もしかしたらほんとうにそうなのかもしれない。

それが本当ならわたしは今回の印税で焼酎をいっぱい買って、ここに預けて増やすのもいいなと思った。

とりあえずということで、旅先では滅多に土産を買わないわたしが、その系列の店で、焼酎を一本買ってみた。それがホントに増えるのかどうかは、預ける前に飲んでしまったのでわからない。

焼酎銀行

神戸

じつは、関西というところはかなり活発で且つワイルドなところかと思っていた。文字通り生き馬の目を抜くような、ハッキリ言って、エネルギーが溢れすぎていて、わたしのようなおっとりした人間は身も心も消耗するのではなかろうかと心配しながら関西の空港に降りたのだ。

たしかに聞こえてくる言葉は関西弁ばかり。すごい。みな漫才師に見える。しかし、それは怖い響きじゃない。ホッとした。

◇

最初の目的地は、阪神・淡路大震災で火災の被害が多かった長田区である。三宮の駅で「高速長田」というところに行きたいと思って自販機でキップを買おうとしたら、新潟のシンプルな自販機に慣れているわたしには、どのボタンを押したらいいのかまるでわからない。

路線らしきものがひとつの画面に三本もまとめて表示されているので、そのどれを押したらいいかわからない。高速長田はどこだあ。

うーん、困ったなと思って、そばにいた七十歳くらいのおば様に「この切符はどうやって買ったらいいんですか？」と聞いたら「あんた、どこからきたん？　あら、新潟。そうか、じゃあわからんね。わたしもよーわからんけどね、高速長田はね、うん、そうそう、きっとこの百五十円を押すんよ」と教えてくれた。「ありがとうございました」とていねいにお礼を言ってそのボタンを押し、出てきた切符をもって改札に向かった。

おば様はそのあと、改札もホームもずっとついてきてくれた。「あんた、姫路方面に乗ったらええんよ」とか「三番線だからね」「わかんなくなったら電車の中で、誰にでもいいから聞くんよ」と、とっても丁寧に教えてくれた。おかげで目的地に到着できた。その親切なおば様のおかげで、一気に関西ファンになったわたし。

その後、長田区のカフェでとんかつ定食六百円。プラスでコーヒーが百円。デミグラスソースのたっぷりかかったトンカツだった。とくにこちらの名物料理ではなさそうだが、人気の一品のようだ。注文している人がけっこういた。

そして取材を終えたその夜は、やっぱり神戸にきているのだから、ロマンチックにいかねばならぬと思って外に出たのだが、ひとりでロマンチックな気分に浸るのはムリがあり、ホテルを出てすぐのホカ弁のカキフライ弁当五百円也を買ってきて、冷めないうちに部屋に戻って孤独に食べた。

飛行機のチケットとセットになっているホテルの部屋は無駄に広くってツインであった。同じお値段で広々使える部屋というサービスなのかもしれないが、どうせならツインよりもダブルベッドのほうがよかった。ツインだとベッドが微妙に離れているので、結局は寝るときには一つしか使えない。

翌日は新神戸から三宮に行き、三宮から住吉へ。まちがって女性専用車両に乗ってしまったかもしれない。降りたホームの足元に「女性専用」と書いてあったから気づいたわけで、他意も悪意もないです、はい。

◇

住吉に到着し、約束の時間までまだ少し時間があったので、近くにあった川に沿って散歩した。なんと、灘高があるではないか。高校生のころ「灘高生の受験日記」という本を読んだことがある。灘高生はこうやって東京大学に合格するのだなと感心したものだ。感心しただけで実践する気になれなかったので、東京大学にはいかなかった。

途中で見つけた図書館に寄り、住吉の歴史や祭りの話をビデオで見た。その後つつがなく取材を終え、団長さんや消防署の人と雑談中に、わたしが乗ろうと思っていたモノレールでは、新潟行きの飛行機が飛ぶ伊丹空港にいけないということを知り、さあ大慌て。

三宮駅からリムジンバスに乗り、伊丹空港に向かって飛行機の時間にギリギリ。少しも余裕がない。それなのに、三宮駅から降りてからリムジンバス乗場がわからない。しかしマゴマゴしてられない。時間は容赦なく過ぎる。

駅の案内所で一回訊いて、外に出てから迷って花屋さんで訊いて、そしてバス乗場を見つけたけれど、切符買うところがわからずさらに一回訊いて、合計三回目で無事乗車。そして空港にたどり着いた。

優しい関西の人たちに感謝し、新潟に戻った。

＊阪神・淡路大震災での消防団の活躍は、このあとの「被災地に向かう」のところで書かせてもらった。

取材中の食事と買い物

「全国各地に取材にいって、さぞやうまいもの食べてきたんだろうね」とよく言われる。

しかし、そううまくはいかない。もちろんわたしもそのつもりでいくのだが、実際はホカ弁だったりコンビニのオニギリだったりというのが現実なのだ。消防関係の人たちへの取材では、皆さん快く引き受けてくださった。実際は消防以外の仕事を持っている人たちばかりだと思うと、心苦しい面もあった。だから、指定された時間に遅れて待たせてしまうなどという失礼はぜったいに避けなければならないと思い、いつも早め早めの行動を心がけ、現地には毎回一時間ほど前に到着することにしている。

早く到着したからといって土地勘のないわたしはやることがない。ただひたすらその街を歩きまわるだけ。あんまり複雑なところに入って行くと戻ってこれなくなるので、地味に目的地の回りをウォーキングしている。

みやげもほとんど買ってこない。

家族から「おとうさんは本当に取材にいっていたのだろうか」とあらぬ疑いをかけられるのも困るので、空港の空き時間でその土地のキーホルダーなど、あんまり重くなく、かさばらないものを買う程度だ。

しかも買う場所は空港が多い。

九州や広島にいっても、伊丹空港で買ってきた。「どうして九州にいっても広島にいっても、買ってくるのは神戸のおみやげばかりなの？」と妻に指摘されたのだが、これもまた他意はない。

災害と消防団

今回は、過去に大きな災害のあった地域への取材も前著書「オレたち消防団！」以上に行うことができた。頭ではわかっているつもりになっていても、実際に経験した人の気持ちや苦労はわかりきれないと思った。被災地での消防団の苦労は、マスコミの報道だけでは伝わりきれない。わたしも読む人に、その日のことを伝えきれないもどかしさを感じながら書き続けていった。

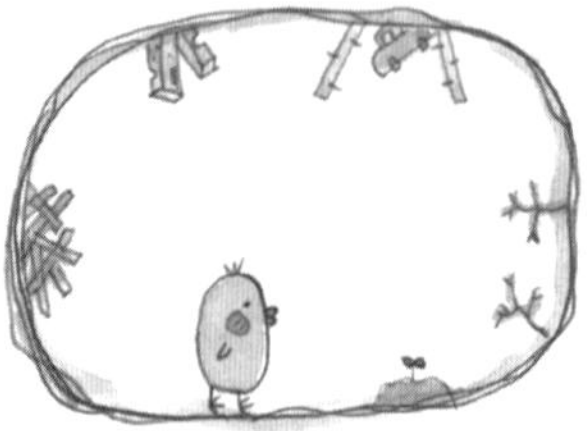

災害現場で活動する団員も、じつは往々にして被災者の一人である。

あの日、あの中でかろうじて生き残り、そしてその後は自らも被災者でありながら、被災地のために活動していた消防団員たちがいたという事実を、わたしは伝えていきたいと思った。

消防団の本能

なにもしないではいられない。

煙を見たら、事故を見たら、災害を見たら、傍観者ではいられない。たとえ自分が被災者であっても、被災者の一人のままでいられない。

困った人の荷物を持つ役目。それが消防団なんだろうなと思う。

消防団じゃなかったら、「いらぬお節介だろうか？」とか、「手伝いしてもいいのだろうか？」と悩んでしまうこともある。なにも、無関係なオレがやらんでもいいだろうと思うこともある。

しかし、「オレは消防団だから」と思うと、困っている人を見たら、自然と手伝っていることがある。

新潟が大雪に埋もれたことがあった。わが家の前にも雪の壁ができ、毎朝車庫の前の雪を退かさないと妻が勤めに出られない状態が続いていた。そんなとき、父母の管理していたビニールハウスのひとつが、前夜の雪の重みで潰れた。

これ以上壊れぬようにと、わたしは一日かけて、ヘトヘトになって除雪した。毎日が雪との戦いだった。

その夜、テレビに大雪の映像が写されていた。山奥の過疎地の映像だった。お婆さんが、小さなチリトリで家の前の雪を退かしていた。とてもじゃないが、そんなものじゃ間に合わない。しかし、お婆さんにはそれだけの力しか残っていない。

「オレたち消防団がいかなくっちゃいけないよな」とつぶやいたら、横にいた妻が「うん」と返事した。

カッコつけているわけじゃないが、そんなときオレたち消防団は、傍観者のままではいたくない。

東日本大震災

平成二十三年三月十一日十四時四十六分。

宮城県牡鹿半島の東南東沖一三〇キロメートル、仙台市の東方沖七〇キロメートルの太平洋の海底を震源とする東北地方太平洋沖地震が発生した。


あれから何年も過ぎたが、被災地を車で走ると、いまだにカーナビで表示しているところに道がなかったり、道があるので走っているのに「線路走行中。危険」と警告されたりするような箇所がある。

まだ地図の修正が間にあわない場所が数多くある。こんな点でも復興の途中なのだと感じてしまった。

いままでがどんなに幸せだったか

避難所の様子がニュース映像で入ってきた。

高校生と思われる少女にマイクが向けられた。

家族と離れ離れになってしまったようだ。

彼女は一言二言話した後に、

「いままでがどんなに幸せだったか……」と言って、言葉を詰まらせた。

彼女は、そのあと家族と会えたのだろうか。

彼女の言葉が、ずっとわたしの心に残っている。

走ってきた少女

避難所の入口で、母とおぼしき人が、少女の名前を呼んでいた。

「○○の××はいますかー?」と。

そのすぐあとに「わあっ!」と叫ぶ声がして、女の子が走ってきて抱きつき泣いた。

あのときの少女だろうか。そうだといいなと思いながら、見ていた。

被災地に向かう

東日本大震災の被災地に行ってこようと思った。

警察や自衛隊、消防署の活躍は連日報道されて知っていたが、消防団はその陰にかくれて、あまり注目されていなかったように思えた。実際は、地元をよく知る消防団員が、自衛隊に瓦礫の中の道案内（ここに道があるとか、川があるとか）や、遺体の収容などをしていたのだ。

それで、地元新潟市の江南消防署で石巻の分団長さんを紹介してもらい、また知人を通じて陸前高田の部長さんのことを教えてもらった。

平成二十三年九月十四日、四時十三分にこそっと起床。妻はまだ寝ている。勤めにいかねばならぬ平日である。わたしが出かける直前まで起さないようにしよう。

ご飯はまだ炊けていないので、ちいさなブドウパンを三個食べた。あとはコーヒーを一杯。

五時十五分。そろそろ妻の目覚ましが鳴る時間だ。それに合わせ妻に声をかけて出発した。新津ＩＣより乗る。進行方向右側に丸い月が出ていた。カーナビが「一二六キロ道なりです」と言った。

菅生南で高速を降りた。海岸沿いの道を走りながら、街の異様な雰囲気を感じていた。本物の戦場は見たことがないが、そこはまるで爆弾が落ちたように破壊された建物や、焼けてひしゃげた車があった。

石巻に着き、海に向かって車を走らせた。あちこちに見えるのは震災の……わたしの想像を超えていた傷あと。

「なんだこれは、なんだこれは」と、つぶやいていたわたしだった。

瓦礫の山。
燃えた学校。
倒れた墓。
壊れた病院。

水の中の薬局。

積みあげられた無数の車。

車をとめて、外に出てみた。

海も空もすっきりと青い。

しかし、あれから半年過ぎているのに、風は濁った臭いを運んでくる。汚れた水を大量に吸ってしまった木と紙と大地から出てくる臭いだ。

そこは巨大な質量を持つ粘着質の魔物が通りすぎて行ったような異様な世界。その魔物の通り道にあったところに建っていた立体的なものは、根こそぎ倒されて破壊されていた。

わたしの心は、だんだんと沈んでいった。

目の前にある家の跡とおぼしきところに、あの日以前は、そこにたしかに人がいた。わたしの立っているこの足元で、あの日、誰かが命を落したかもしれない。

わたしはこの取材でなにをしようとしているのだろうか。

最初は現地でがんばっている消防団の姿をレポートしてこようなどと思っていた。しかし、現実の世界を見て、わたしの心の浅ましさを知った。大義名分を掲げていはいるが、それは誰かのためになんかじゃない。ただ自分のためにやっているのだ。わたしは取材という名目をつけ、震災で苦しんでいる人たちを相手に、世間に売れる本を作ろうと思っていただけではないのか。

「消防団の立派な活動を世間に知らせよう」なんて言葉は、現地の苦しみを想像しきれなかったからこそ出てきたのだ。この場に立ってみれば、この場の空気を吸ってみれば、ここにいる人たちには「立派」だの「活動」だの「世間」だのなどと考えていられないことが、たやすくわかる。わたしのような心でその場にいることは、とても失礼なことだと思った。そして、この災害を利用して金を稼ごうとしているようで、自分が嫌になった。

宮城県・石巻消防団　石巻第二分団

石巻市役所・消防団団長室にて。
石巻消防団団長の門脇政喜さんも同席してくださった。
石巻第二分団分団長濱谷勝美さん。

和菓子づくりの店を経営。しかし、震災ですべてを失った。

濱谷さんは、自宅で震災に遭遇。その五分後に、三人の部下団員が消防積載車で迎えにきて出動した。

無線で刻々と情報が入る。最初、津波の高さは三メートルと言われていたが、その後六メートルに訂正された。最終的には十メートルという情報に変わった。

旧北上川沿いを走っているとき、そこにあふれてくる水を確認。その勢いがすさまじく「すぐに避難するように」と必死に広報をしつつ、津波に追われるように門脇小学校に到着した。

駐車場はすでにたくさんの車で満杯状態となっていた。その近くに車を止め。現状確認のために降車した。

そのとき、バリバリと音をたて、すごい勢いで海から黒いカタマリがやってきた。その正体は、壊れた家やその瓦礫だった。地上にあるものすべてを破壊し飲みこみ迫ってくる。

濱谷勝美分団長さん

その場に止まっていては危険と判断し、濱谷さんは学校に向かって走った。

体育館に逃げるが、すぐに腰のあたりまで水がきた。そこは少し高台にあったというのに、もうそんな状態だった。

校庭に停めてあったたくさんの車も浮かびあがり、ガツガツとぶつかり合いながら校舎に向かってきた。

爆発音がして、火柱があがった。

車から出た火花が、ガソリンに引火した。

火が学校に迫る。

「恐い」とは思っていなかった。ただ無我夢中で「どうやってみんなを助け出すか！」「どうやったら生き延びることができるか！」と、それだけを考えていた。

その体育館で、右足が腿のあたりからちぎれてしまった婦人を救助した。駐車場から脱出するとき、津波で浮いて暴れる車と瓦礫に足を挟まれてしまったようだ。濱谷さんたちは、止血のために防火服のベルトを抜き、それをしっかりと婦人の足に結び、抱きかかえて逃げた。

学校の裏山に避難しようと思った。しかし、学校の壁と裏山の石垣まで、距離は一メートルほどなのだが、高さは三、四メートルもあって、とてもよじ登れない。

その左のほうにやや低くなっている場所があり、そこまで回り道をし、竹に伝わり這いあがった。負傷した女性を安全な施設に避難させ、濱谷さんたちはまだ逃げきれないでいる人を救助するために、再び戻った。

すでに、校舎に火が燃え移っていた。降る雪が炎に照らされて赤く光っていた。

石垣の上に教壇が二つあったのを見つけた。誰かが学校の窓から石垣に向けて投げ込んでくれていたようだ。

それを蹴落として石垣を登るための階段にした。あたりにいる動ける人を呼び集め、学校から逃げてくる人のお尻を下から押す役と、その手を上から引っ張りあげる人との連携プレーで安全な石垣の上に避難させた。

石垣の上にあがったところで力尽き、自力で上の避難場所まで逃げられなくなっている人たちがいた。濱谷さんたちは、そんな人たちを背負って石の階段を何回も往復した。

瓦礫の上で救助を求める人の声がした。火はどんどん広がっている。またいつ爆発が起るかわからない状況での救助活動だ。その人を助け出すことはできたが、瓦礫の中にもまだ人がいるだろうとは想像できた。しかし、どうにもならない。時間がない。助けきれない。

大勢の人を助けた。しかし、救えなかった人も大勢いた。どうしようもない現実に苦しんだ。無念でせつなかった。

◇

震災の日から濱谷さんたち消防団員は、避難所で生活しながら、三月いっぱいまで集中して警備と救助活動とご遺体の捜索を続けた。

なお、この話を聞かせてもらっているときに同席してくださった門脇団長さんも、震災のあとから市役所の団長室に寝泊まりし各分団の被災の情報を集約し、また必要な情報を無線で提供して、各分団への行動の指示を出し続けた人だ。

じつは、団長さんの家も震災で壊滅状態となっていた。それでありながら、市民のため、団員の安全のためにと奔走していた。まさに消防団の本能。同じ消防団員として誇りに思うと同時に、そのせつなさを思って、心が苦しくなる。

門脇政喜団長さん

気仙沼を通って

七時四〇分、まだ泥の臭いのする石巻の宿を出た。

前日までの走行距離は三八〇〇キロ。次の目的地は陸前高田だ。

県道三十三号線から国道四十五号線へ入ったのだが。途中に「全面通行止め」という看板が出ていた。回り道しようと方向転換したが、わたしの安物のカーナビは、通れなくなっている国道にばかり案内したがる。

困ってしまって、道沿いにあった警察署の駐車場に入ったら、ちょうどわたしの横にパトカーが入ってきてドアが開いた。

出てきたお巡りさんに

「すみません。道きいてもいいですか?」と声をかけたら

「あ、すんませーん、いま山形からきたので、我々もこのあたりの地理がどーもわからんのですぅ」というお返事だった。

なるほど、いかにお巡りさんとはいえ、県外からきたばかりならば道もわかるまい。警察署の駐車場を見れば、よその県からいっぱい応援の車が入っている。警視庁からの車もあった。

建物の中に入り、陸前高田に行く道を尋ねた。髪の短い若い署員さんが出てきて、てい

ねいに教えてくれた。

最初、教えられたとおりに山沿いの道を走った。そこでは震災の傷あとは一見してはわからないのであるが、しかし、気仙沼の海沿いの道に入ると、もうせつない。そこはまた巨大な化け物が通ったあとのようになっている。

信号で止まるたびに写真を撮った。構図もピントも考えるヒマなくシャッターを押した。

「津波危険想定区域」という看板があちこちにある。

津波がくることが想定された街。それが気仙沼なのだ。そのための対策も訓練もされていただろうに、その想定を越えてしまったのがこのたびの災害だった。

曲がったガードレール。ひしゃげた道路標識。ひっくり返ったままの家。コンクリートだけになっている鉄筋の建物。

しかし、その横には、重機が復興のために動いていた。黙々と意地のようにがんばる。

うちひしがれたままではいない人たちの力に勇気をもらう。

気がつくと陸前高田の「奇跡の一本松」が見えてきた。七万本の中で、唯一生き残った松だ。その後、その一本松は力尽きてはしまったが、三本の接ぎ木と、枝に残った松ぼっくりから十八本の苗を作り、その命を伝えることができた。その育った苗から、高田松原の再生を目指す。ここでも人は、津波に負けたままでなんかはいない。

紺色の服に赤いライフジャケットの若い一団が歩いていた。警察の人たちだった。みんながんばっている。

岩手県・陸前高田市消防団　米崎分団

陸前高田市消防団　米崎分団第一部　部長大和田祐一さん。

若い警察の人たち

奇跡の一本松

十時四十五分、待ちあわせ場所の米崎小学校に到着し、わたしは大和田祐一さんに電話を入れた。


「もしもし」

「はいー」

「米崎小学校まできました」

「おー。では消防の屯所にどうぞー」

「……ほ？」


ご自宅は震災で大ダメージを受けていると聞いていたので、大和田さんはてっきり学校の中の仮設住宅にいるとばかり思っていた。しかし実際は、仮設住宅のある米崎小学校隣の消防団屯所で寝起きしていたのだった。消防団として、なにかあればすぐに出動できる場所であるし、自分の分の仮設住宅をほかの誰かに使ってもらおうということであろう。

「こんにちは」と中に入って行ったら、大和田さんは「よくきたね」と言って冷蔵庫から冷えたサイダーを出して「ほら、飲め」と奨めてくれた。暑い中、うれしいおもてなしだった。

じつは、YouTubeに「陸前高田市消防団員の津波映像」という有名な動画がある。三部に分かれて載っているのだが、どれもすさまじいものだ。これを撮影したのが大和田さんだ。

最初は、海面監視の様子から始まる。比較的リラックスしているようにも見えるが、途中、港の堤防を越えて水が上がってくると、一気に緊張が高まる。画面を上下に乱しながら「波が堤防を越えています！　逃げてください！」と懸命に放送しているところで終わる「その一」。

「ばあちゃん、そこあぶねえっての！　ばあちゃん！」と叫びながらお婆さんを助ける様子。「じいちゃん、あがってこてば！」と叫んだその直後に、幼い女の子の悲鳴のような泣き声が入り、そこに走るカメラの映像。そして「くそぉ、手も足も出ねえよ、これじゃあ！」という嘆きの声で終わる「その二」。

これは、自動車の屋根の上に逃げて助けを求めていた幼い女の子の悲鳴であったが、この映像のあとに、無事救出できたそうだ。

そして「その三」は「おばさあん、あがれてばー！　いま二波目がきてんだから」という必死の叫びの動画である。

ご本人は、「正直言えば、最初は好奇心からの撮影だよ」と言った。

「ほんとうなら撮影なんぞしていないで逃げればいいんだ」と、わたしをまっすぐに見て言った。

「しかし、だれしもあれだけの津波がくるとは思わなかったでしょう」とわたしが言うと

「いや、我々はそうなるであろうことを見越すべきだったのだ」と、大和田さんは険しい表情でそう答えた。

二時四十六分地震発生。その後、津波襲来。

大和田さんたち消防団は、四時三〇分に避難所を起動させた。

地元米崎中学校に入り、男子生徒たちに山にいって木を集めさせ、女子生徒たちには学校じゅうにあるビーカーから洗面器から、とにかく水を溜められるものを集めさせた。そして、大人には米と釜を持ってきてもらった。その結果夜の八時には、オニギリを作って避難しているみんなに渡すことができたという。冷静であり、的確な判断によってなせた

わざだ。

取材にきたテレビ局の人に「いまメディアになにができるか?」と問われた大和田さんは、「避難所のひとりひとりの顔を写してくれ」と要請した。電話の使えない状態で、被災した人たちは家族の安否確認に苦労している。それをメディアの力を使ってやってほしいと言ったのだ。それにより、各避難所のテレビから、探している家族の顔を見つけ安堵した人も多かったであろう。

命の危険を感じたことはなかったかと聞いたら、ふっと笑って「そんなの、しょっちゅうだった」と答えた。

最初は、波が防波堤を越えてやってきたとき。じつはもうダメだと思って無我夢中だったという。しかし、そんなときでもマイクを使って住民たちに「避難するよう」と広報し続けた。

またもう一回は、土砂の中に埋もれた車の中からご遺体を引き出すとき。そこでは車が横になってその上に大量の土砂が載っていた。子どものご遺体は後ろのガラスを破って出すことができた。だが、運転席にいる母親を出すには、後ろのシートが邪魔だ。しかし、そのシートがあるから車が潰れずにいるとも考えられる。

大和田さんは言った。「じつは、オレには後ろめたかったこともあってね」と。

「うしろめたい？　なにがですか？」

「状況からして、このあたりにこの家族のご遺体があるであろうことはわかっていた。しかし、重機がなければ掘り起こせないし、我々は生きている人を助けるほうが先であるから、わかっていたけれど手をつけないでいたんだ」と。大和田さんは、それを後ろめたいと言った。

誰のせいでもないのに、大和田さんは自分を責めていた。

「だから、危険だったけどオレが入って行くことにした。若い団員に、死ぬかもしれないクソみたいな命令は出せんよ。オレはヤツらとちがって、もう五〇年近く生きたしね。それで覚悟決めて中に入って、シートのボルトを外してひっぺがしたんだ。幸い車は潰れなかったから、母親の遺体を無事に出すことができた。オレも生きていたし」と淡々と語った。

「消防団員は、どうしてそんなふうに命を懸けてまで他人のためにやるんでしょうね」とストレートに聞いてみた。

大和田さんは、少し考えて「消防団としての自己の満足かな」と答えた。自己満足というとわるい意味でとらえられるかもしれないが、自己を満足させるという意味で、人に対する自分の行為に無上の喜びを感じる行為、それが消防の自己の満足ではなかろうかと言うのだ。だからオレたち消防団は、人のためにがんばってこれたのかもしれないと答えてくれた。実際に命を懸けてきた人の、重い言葉だ。

四月末まで、彼らはご遺体の捜索と回収をしてきた。苦笑いしながら、「若気の至りで団の上のほうの人には迷惑をかけることもあってね」と言っていたが、行政のほうとはいろいろなやりとりがあったようだ。しかし、それも地域の人たちのことを思った熱い行動であったろう。

そんな話をしているときに「お、ところでメシはどうした?」と聞くので「いや、まだです」と答えると「よっし、いこいこ」と車に乗せて海のそばの食堂に連れていってくれた。

「ここらは震災で食べもの屋がなくなってね、すぐに混むから早目にこないとダメなんだよ」と教えてくれた。たしかにお昼前なのに店内は混んでいた。そして、みんな相席。そんな中で、わたしはカツ丼、大和田さんは肉うどんを注文した。その代金は、震災でたいへんな大和田さんに出してもらうわけにはいかないからと言ったのに、大和田さんは断固として受けとらなかった。

できあがりを待ちながら、こんどはわたしの抱いていた後ろめたい気持ちを大和田さんに正直に伝えた。「懸命に活動しているあなたがたを相手に、わたしはこんなふうに金儲けのための仕事をしている」と。

大和田祐一部長さん

その返事をもらう前に、カツ丼が届いた。大和田さんは「さ、復興のメシだあ。食おっ！」と言った。わたしも腹が減っていたので夢中で食べた。「うまい！」と言ったら、曇りのない笑顔で大和田さんは「うん」とうなずいた。

そして「オレらはこれからも、海といっしょに生きていくんだからよ」と言った。

岩手県・山田町消防団

「明日は朝の四時半に家を出発するよ」と妻に伝えた。岩手の山田町というところに取材の旅に出るのだ。

妻は慌てたように「あらたいへん。じゃあ、夜のうちにゴミをまとめておかなくっちゃね」と、あくまでも朝のゴミ捨ての仕事をわたしに遂行させようとする。まあ、それだけわたしの取材旅行が、我が家にとって特別なことではなくなっているということだろうし、こういう会話ができることは平和ということだ。それはそれで、とてもいい。

新潟から岩手はやはり遠い。走行距離はおよそ五〇〇キロ。時間にして九時間ほどかかった。こんなに離れているというのに、あの日、新潟もかなり揺れた。震源に近いこちらの皆さんは、どんなに怖かったろうと思う。

消防署の二階の窓から牧歌的な山並みが見える。そののどかさと調和した静かな碧い海が、あの日は真っ黒になった。

「……しかし、目の前にあることが、本当に現実に起っているることなのかどうかと、しばらく違和感がありました」とおっしゃったのは、山田消防署の上沢副署長であった。

緊急事態に体はしっかりと的確に動いた。日ごろの訓練の賜物だ。

だが、目の前にある光景が、現実のものとしてどうしても納得できないでいた。

「もしかしたら、これはわるい夢なのか?」

消防署が浸水している。一階が飲みこまれた。

夢は、さめなかった。

上沢副署長さん

あの遠くにある海が暴れた

第二分団

分団長　糠盛祐一さん

漁を終えて自宅でくつろいでいたときに、緊急地震速報がビーッと鳴った。それで外に出たところで激しく揺れた。防災のイベントで使う起震車に乗っているみたいだった。一旦収まったように思えたが、またすぐに大きく揺れて、もう立っていられなかった。

二回目の大きな揺れが収まってから、糠盛さんは水門を閉めに車で向かった。団員たちは、大きな地震のあとには津波のくることがわかっていたので、召集をかけなくてもすでに十四、五人ほど集まっていた。皆で手分けして水門をすべて閉めた。

その場で海面監視をしていた。海面がどんどん高くなっていった。危険を感じた糠盛さんは、別の場所で監視のために立っていた団員たちに、大きな声で「逃げろ！」と叫んだ。団員たちが無事に逃げたのを確認して、そのあと自分も必死に走った。

糠盛祐一分団長さん

津波がある程度収まってから、屯所に集まっていた団員たちが自発的に救助活動に移った。
津波の去ったあと、泥にまみれて真っ黒になって横たわっていた人たちの姿が見えた。小刻みながら動いていて、生きていることがわかった。みんなで懸命に引きあげた。

その後、瓦礫の中から火がついた。最初はちいさな火であったが、それが流され飛び火した。停電と水道管の損壊で消火栓からは水が出ない。そんな不自由な状態であったが、消防団のポンプ車に乗って三日三晩不眠不休の消火活動を続けた。

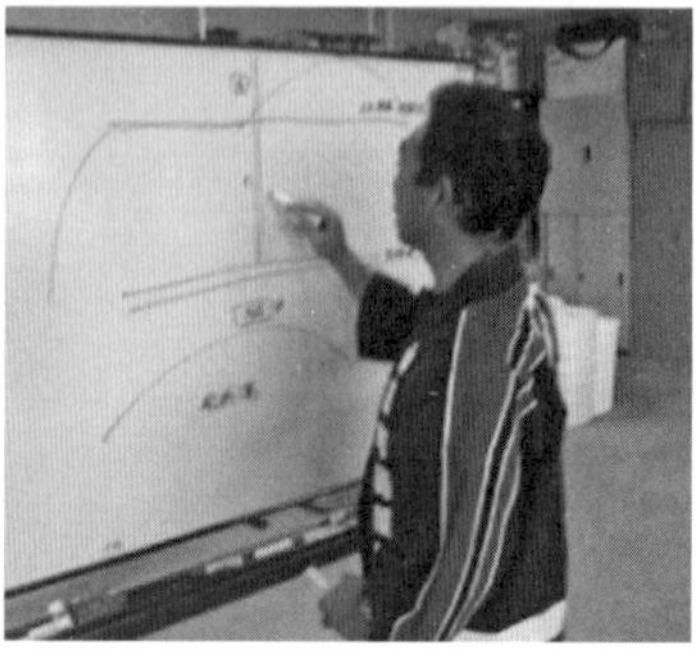

自分たちの家族の安否確認ができないままの団員もいた。しかし、目の前に災害がある。持ち場は離れられない。自分たちがやらねばならないという責任感と使命感で動いていた。
三日間の消火活動のあと、ゴールデンウイークまでご遺体の捜索を続けた。

第四分団

分団長　昆　定夫さん

その日は、法事で使うためにホタテをとっていた。そして陸に戻り、東京にいる妹にも送ってやろうと思い、宅配便の会社に行き荷物を出したところで地震が起った。建物は激しく揺れて危険を感じ、中にいる女性従業員達を全員外に避難させ、停めてあった自分の軽トラにつかまらせた。

昆 定夫分団長さん

揺れが収まったあと、軽トラで自宅に戻り、家族に高台へすぐ逃げるようにと伝えた。家族に声をかけてからすぐ消防の屯所に向かい、そこでポンプ車に乗りかえ水門を閉めに行った。

途中で、川の水が真っ黒になっていることに気づいた。

「津波が、くる」そう思った。

津波避けの水門が、誰かのいたずらか、通常の高さにはなかった。

それを戻すためにいつもより時間がかかった。

腹立たしいいたずらであるが、それが結果的に昆さんの命を救った。

もし、通常の時間で閉め終わっていたら、昆さんは屯所に戻りその中に待機していただろうと言う。

その場合は、屯所もろとも津波に飲まれて流されてしまい、命がなかった。


すべてのゲート操作を終え、海を見た。

国道と堤防の間に川があり、それが海に続いていた。

不思議な光景だった。川と海の境目の、海面だけがどんどん高くなっていっている。川に海水が入ってくるわけではなかった。

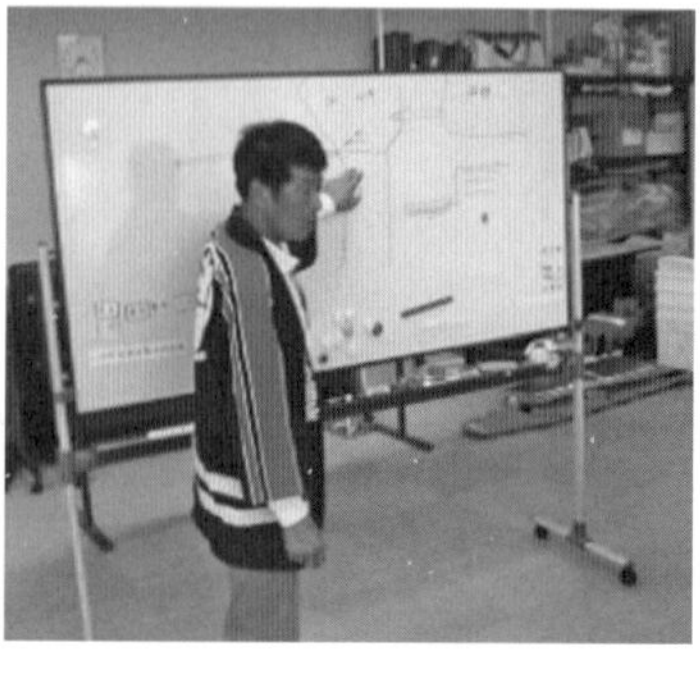

そう、川の高さは変らず、ただ海面だけがどんどん高くなっていき、境目に水の壁ができあがっていたのだった。

「まるで国道と堤防の間にガラスの壁があるようだった」と昆さんは思った。

そして、その壁が堤防の高さを越えたとき、一気に大量の水が溢れ、押し寄せてきた。

大急ぎで走って逃げた。死ぬかと思った。

後ろからバリバリと家の壊れる音が追いかけてきた。停めてあった車に飛び乗った。車に飛び乗るための一瞬の止まる時間さえ惜しかった。津波がそこに迫ってきていた。アクセルを踏んだ。逃げ切った。生き延びることができた。

家族の皆は、叔母の家に避難し助かった。しかし、その事実を確認できたのは、震災から四日経過してからだった。

家族の無事を信じつつも、それが確認できるまでの間はほんとうに苦しかった。

経験が仇に

じつは山田町では一九六〇年の五月にも大きな津波を経験している。チリ地震によるものだ。

あの大津波の経験をもとに、何処其処《どこそこ》まで逃げていれば安心という思い込みをして、それで亡くなった人たちが少なくないという。それだけ想定を越えた津波であった。

今回の犠牲者には、避難場所に一旦到着しながら、また自宅に戻ってしまった人たちがいるという。

福島県・南相馬市消防団

二〇一四年十月十五日、福島県南相馬にいってきた。

いまだに原発事故の後遺症と戦っている地区であった。

新潟からの県境を越えて入って行った福島は、落ちついていた。なにごともなく、わたしの知っている、むかしからの優しい福島であった。

休憩のために寄ったパーキングエリアで見た秋の磐梯山はとても穏やかだった。あくまでも美しく、わたしを待ってくれているように思えた。何枚も写真を撮り、その姿に見とれていたら、缶コーヒーをこぼして白いシャツの左ヒジが茶色く染まってしまった。しかし、わたしのシャツは、家に帰って洗えばきれいになる。福島はちがう。まだ戦っている。

県境では穏やかに見えた福島も、太平洋側に向かって走って行くと、徐々に雰囲気が変わっていく。あるときから、急に黒い大型土のうが姿を現わす。そう、大規模な水害のときに重機で設置されるような土のうである。放射性物質が漏れないために長期の耐候性に優れた素材を使っているのだろうか。正式名

称はフレコンバッグというようだ。

はじめは道のわきあたりにポツポツと置かれていたのであったが、そのうちそれが農地に山積みされていた。いや、その先に進んで行くと、民家の敷地にもその袋がうずたかく積まれているのだ。そう、まだ街は復興していない。だれもその家に帰っていないということだ。

警戒区域

カーナビの言うとおりに走っていたら、立ち入り禁止のゲートの前に出た。その先は「立ち入り禁止区域」となる。カーナビの地図が用をなさない区域がある被災地。

車を降り数名の係員さんが立つその場所に行き、ダメモトで「なんとか通らせてもらえませんか?」と聞いてみた。

やはりダメ。もっとも、「どうぞどうぞ」と言われたところで危険区域に入って行く度胸もない。

ゲートの写真を撮ろうかと思ったが、そこに立っている人に申し訳ない気がしてやめた。

係の人からもらった簡易地図を頼りに、細い山道を走り南相馬に向かった。

南相馬市原町区団

わたしは幸いなことに、事故で亡くなった人の姿を見たことがない。消防団をやっていれば、火事の現場や水門の近くなどでそのようなご遺体に出会うことがあっても不思議はなく、現にわたしの分団でもわたしより若い団員たちの何人かは経験をしている。それだけわたしは幸運だったということだろう。

天寿を全うしていない死。そのときの恐怖や悔しさ無念さが、ご遺体に残っていることがあるという。山見重信副団長は、そのようなご遺体をお送りすることに力を尽した。

山見副団長から当時のお話を聞かせていただいた。

山見重信副団長さん

山見さんは、とにかく頭の回転の早い人だと思った。言葉が次から次へと、とめどもなく出てくる。おかげで、想定していた以上にお話を伺うことができた。

お会いしてすぐに、「あの黒い土のうに入れておけば、放射線は出てこないのでしょうか?」と聞いてみた。

すると、「いま現在は大丈夫だろう」という返事だったのでホッとした。しかし考えてみれば、それは「いま現在は」ということなのだ。あのまま袋詰めして「これで永久に安心」ではない。袋にも寿命がある。その後の処置がさらに必要なのだ。福島の戦いはまだ続く。

その日

山見さんがいつものようにU字溝を作る鉄筋加工をしていたときに、激しい横揺れに襲われた。

立てていた二メートルの鉄筋が倒れないようにと、最初は仲間たちと押えていたが、あまりの揺れに、諦め外に逃げた。回りからガラガラと崩れる金属音がした。

外に出ると、さらに揺れが激しくなり立っていられない。

ピラミッド状に積んであったU字溝の完成品は、揺れの激しさに耐えられず崩れ落ちていた。

団員たち戻る

ご存じの通り、福島は原発事故との戦いでもあった。

南相馬市は内閣総理大臣より市の南部地区に避難指示が発令された。隣の小高区は全体が半径二十キロ圏内にかかったが、原町区の山見さんのところはかろうじて避難区域にかからなかったが、だからといって安心できるというわけでない。目に見えぬ脅威が蔓延しているのだ。

地震発生から四日後の三月十五日に「屋内退避勧告」が出された。勧告が出た以上、その長は団員たちの安全を確保しなければならない。消防団活動は大切だが、団員たちの体はさらに大切だ。それで、今後の活動は断念する判断を下そうとしていた。

しかし、その想いと裏腹に、団員たちは集まってきた。この非常時にこそ、オレたちががんばらなければという想いだった。なかには、自分の家も財産も失った団員たちもいたが、それでも彼らは消防団として、自分たちの街を自分たちで守ろうとしていた。

ご遺体を清める

山見さんたちは、その後、遺体安置所で活動することになった。日々あがってくるご遺体を、警察官立ち会いで、いつ、どこで、誰が、どのように……という記述をしなければいけないのだが、それは全国各地から応援にきている土地勘のない警察の方々だけではなにかと難しく、地元の消防団が加わることでスムーズに引き継げたからだ。

こちらに限らず被災地でよく聞く話であるが、ご遺体の確認に地元の消防団員たちがたいへん活躍したという。当時は全国各地から消防署や自衛隊が応援にきてくれて、ご遺体の捜索をしてくれたのだが、その身元の確認に手間どっていた。それを地域に密着した地元の団員たちが見れば、すぐに判別できる。

山見さんたちは、無念な死を遂げたご遺体を「安置する前にせめてきれいにしたい」という想いでくる日もくる日も丁寧に洗い清めた。

消防のホースから水を噴霧状にして、ご遺体がこれ以上傷つかないようにと洗い、そして髪をブラシでとかして整えた。着ていた服は、洗ってから袋に入れ、ご遺体といっしょに安置した。

中には震災の激しさを物語るご遺体もあり、そのような姿を若い団員に見せないようにと、山見さんひとりで行うようにしていたのだが、それでも限界がある。物陰で吐いている団員もいた。「大丈夫か」と声をかけると、決まって「大丈夫です」という答えが返ってきていた。

こうして山見さんたちは二八四体のご遺体を送ったという。

「日本消防」より

また、福島については、日本消防の二〇一一年六月号に大熊町消防団　吉田稔団長。七月号に富岡町消防団　安藤治団長。八月号に福島県双葉町消防団　高野豊実団長からの投稿がある。

そのときのリアルな様子と、原発事故により消防団員としての使命を果たせないでいた無念さ、津波が運んできた瓦礫に阻まれ救出にいけぬ悔しさが伝わってくる。

阪神・淡路大震災

一九九五年（平成七年）一月一七日午前五時四十六分、淡路島北部沖の明石海峡を震源として阪神・淡路大震災が発生した。

神戸市長田区火災

あの日は、震源から遠く離れた新潟でもグラグラ揺れて、それでわたしは目が覚めた。居間に行き、急いでテレビをつけた。

臨時ニュースで関西方面で地震発生とのことを報じていた。

「詳しい情報はまだ入ってきていません……」とアナウンサーが言った。新潟がこれだけ揺れるのだ。とても大きな地震であることは疑いようがなかった。

明るくなるにつれ、次々と情報が入ってきた。

それは、よいものではなかった。


中継が入ってきた。

燃える街が映った。それが長田区であった。当時、第六分団の部長をしていた東好博副団長さんである。

その火の中を駆けていた人がいた。当時、第六分団の部長をしていた東好博副団長さんである。


当時の長田消防団は、消防署の後方支援が主な活動であった。そのときはまだ、内部規則によって消火活動ができない決まりになっていた。

管内には消防署が整備されており、火災があればすぐに現場に駆けつけられるという考えがあった。だから消防団は、地域住民の安全のための人員や交通の整理など消防署の後方支援をもっぱらの任務としていた。そのためもあり、消防団には消火のための資機材などは充実していなかった。


しかし、震災によってそれが変わった。

いや、変えた。

想定できないことがあるということを、想定しなければいけないことがわかった。

その日

その日、東好博副団長は、激しい揺れで起された。タンスから人形ケースが落ちてきた。尋常な揺れではなかった。

揺れが落ちついた隙をみて、消防団の活動服に着替えヘルメットを被って外に出た。

外は、不気味なまでの静けさだった。

いじわるな言い方をすることを許してもらえれば、自分たちは資機材もないし、ふだんから消防署の後方支援だからと言い訳をして、なにもしないでいられたのかもしれない。一被災者となって逃げていてもよかったのかもしれない。

東 好博副団長さん

しかし、東さんは消防団として果敢に行動した。

「それは知らぬ」と言って逃げていられない消防団の本能であろうか。

電気が止まっていた。無線も電話も効かない。各々の団員は、各自で判断して消防団活動を開始した。

「怖くなかったですか？」と東さんに訊いてみた。

「そのときは怖くはなかったです」と東さんは答えた。

怖さよりも先に、火を消さなければいけないと思った。潰れている家から、火が出ていた。必死だった。

最初に書いたとおり、後方支援がこれまでの主な活動だったため、消火のノウハウも資機材も不足していた。はっきり言って初めての経験。しかし、だからといって諦められない。ここで諦めてしまったら、付近一帯全て燃えつくされてしまう。

消防車はいつまでたってもこなかった。いや、これなかった。近くを通ることもあったが、火を横目に見てその先に進んで行くばかりだった。それほど多くのところで火災が発生していた。所轄の消防力を遙かに上回る災害が起っていた。

消火のための資機材は、運良く近所の工場（三ツ星ベルト）から借りることができた。その工場の自衛消防隊と一緒になって消火活動をした。住民の皆さんも手伝ってくれた。近所の風呂屋からの水を使ってバケツリレーで火を消しているグループもいた。危険な道路を遮断して交通整理している人がいた。倒壊した工場から二次災害を防ぐためにガスボンベを外に運び出している人がいた。みな、それぞれ頑張った。

最初、消火栓から放水したが、それもすぐに涸れ、その後は工場の地下水を使って消火にあたった。懸命だった。消防車が到着したのは、火災発生の六時間後であった。あくる日の午前四時まで放水を続けた。鎮火したあとも二・三日は、近所の人から残火の処理のために呼び出された。

鉄人28号

取材を終え、お礼を言って別れようとしたら、東さんが車でホテルまで送ってくれるとおっしゃった。地理不案内のため、ありがたく乗せていただく。途中、「ここが壊れた高速道路」「ここはビルが倒れて」と、その当時の様子を教えてくださった。わたしがテレビの映像や新聞の写真で見た光景を、東さんは生で見ていたのだ。

怖くはなかったとおっしゃっていたが、それは命がけの状態にあってアドレナリンが大量放出していたからだろう。じつは、落ち着いてからその後は一ヶ月以上脱力感に襲われていたそうだから。

「あそこに鉄人28号がいますよ」と指さし教えてくれたところに……あ、いた、ほんとうに、いた。まさしく鉄人28号。震災復興と地域活性化のシンボルとしてつくられたそうだ。

なんとも懐かしい。子どものころ放送日がと

っても楽しみだった。まさかここで金田正太郎少年の操作していたあの鉄人28号と会えるとは。あの頃は白黒のアニメだったけれど、カラーの鉄人はとても綺麗で平和的だった。

神戸市東灘区家屋倒壊その日

乃生《のせ》省悟団長さんにお話を伺った。

震災のときに撮ってもらったという写真を見せてもらった。疲れた顔した男たち三人が写っていた。その中のひとりが乃生省悟さんだ。

「これが、震災の何日目のことなのか、よくわからないのですよ」と乃生さんは言う。「毎日が無我夢中で、時系列での記憶がハッキリしていないのです」とのことだ。それだけ壮絶な日々だった。

乃生省悟団長さん

その日、「あ、地震だ！」と思った直後に激しい揺れが始まった。咄嗟にそばに寝ていた奥さんに自分の布団を被せた。さらに自分の体を楯にして、上から落ちてくるものから奥さんを守った。

電気が止まって真っ暗だった。時間もわからなかった。手探りで家の中を歩き、家族の安否を確認した。みな無事だった。

消防団の活動服を着て外に出た。

外は真っ暗だった。そしてなにも音のない世界。まさに「シーン」という状態。なにも動いていない、なにも見えない、なにも聞こえない。状況が、なにも伝わってこない。

かけた単車のエンジンが、その静寂を破った。ライトで前が照らされた。そこに、地割れが映った。イヤな予感がした。

乃生さんは単車を走らせた。

自宅から五〇メートルほど離れた国道四十三号線に出た。

えらいこっちゃ

阪神高速道路が倒れていた。

単車のライトに照らされた世界は、白く埃が舞っていた。それがモヤとなってボンヤリとしていた。その奥に見えるのは、倒壊した建物だった。

「えらいこっちゃ……」と思った。背筋がゾッとした。大変なことが起こっている。

分団の詰め所についたのは六時頃だったと思う。

当時の分団長さんが、ステテコ姿のまま走ってきて「バールないか!!」と叫んだ。「隣の倒れた家の中で、まだ子供が閉じこめられている！」

乃生さんも器材を持って走って行った。

潰れた家の中に、子供が残っていた。

中に入ろうとしたが、窓に鍵がかかっている。「ガラス割っていいか？」と訊いたのだが、そんなこと、いまさらどうでもいいことだと気がついた。すでに家は壊れてメチャクチャだった。

中に入り、瓦礫の中から無事に子供を引き出すことができた。

あちこちから救助を求める声が掛かる。消防団の活動服を着た乃生さんたちは、救いの神のように思われていた。

乃生さんの息子さんが、自家用のバンに破砕道具を積んでやってきた。それらの道具を使って、倒れた家の床を破ったり、壁を壊したりして中に入り閉じ込められた人たちを助けだした。ノコギリでは土壁がなかなか切れないことも、そのときわかった。ハンマーで叩き壊すか、ブリキバサミで切るといい。

余震が続いていた。不安定に壊れた家の中での作業は危険が伴う。瓦礫を退かして救助作業をしているときに強い余震が起こることもある。上からなにが落ちてくるかわからない。

あるとき、強い揺れに危険を感じて逃げ出そうとしたところ、そこで救助を求めていた家族と目が合ってしまった。その心情を思うと、逃げられなかった。

一緒に作業していた相方に大きな声で「やるぞー！」と声をかけた。相方も大きな声で「よっしゃー！」と返事をした。お互い怖かった。だからそうやって気合をかけ、懸命に救出を続けた。

◇

時間の概念がなくなっていた。ただ夢中で救出活動を続けていた。

近所の人に手をひっぱられた。「うちの子たちが家から出てきていない。助けてくれ」と懇願された。

倒れた家の床を壊し畳をはぐって中に入って、その子の名前を呼んだ。

女の子のちいさな声が聞こえたような気がした。

しかし、それがマスコミのヘリの音にかき消された。

取材の重要性はわかる。しかし、そのヘリの音で助かる命がダメになることがあるというアタリマエの事実。

幸い、また女の子の存在を確認することができた。足が見えたので、大丈夫だぞと言って撫でて励ました。

「おじちゃん、それ、わたしじゃない」と返事が聞こえた。それは、一緒に寝ていた弟の足だった。すでに、息絶えていた。

瓦礫を退かし、乃生さんの背中に畳を乗せ、亡きがらを運んだ。

夕方まで飲まず食わずだった。

その日は七名を救助した。

詰所に戻ると、放心状態になった。

消防団活動を一ヶ月続けた。

夜は放火や火事場泥棒などを防ぐためのパトロールをし、昼はお寺の中の倒れた墓石を丸太とバールを使って元の状態に組み立てる作業をした。墓石の復旧は、本来は消防とは関係ないかもしれない。しかし、ほっておけなかった。そこを管理している石屋さんにたいへん感謝された。自分だけでやったら一生かかると言われた。

ある日、高校生の男の子が「手伝う」と言ってやってきた。復旧の仲間が増えた。神戸の人たちは、こんなときでも自然と親切をしあえる人たちだった。

新潟県中越地震

平成十六年十月二十三日午後五時五十六分頃に新潟県中越地方で発生したマグニチュード六・八（気象庁）の地震。気象庁による正式名称は「平成十六年新潟県中越地震」。

幸い犠牲者はなかったが、新幹線開業以来初の脱線事故がこの地震により起こった。

エコノミークラス症候群

この言葉がにわかに有名になったのは、この中越地震からだという。脚などにできた血栓が肺動脈などに詰まる病気で、窮屈な車内での生活や、震災による過度のストレスや脱水なども原因であろうと言われている。

土曜日の夜

その日は土曜日だった。じつはわたしは鶏ガラスープが好きで、お昼すぎから鶏ガラをコトコト煮て、そこにネギやタマネギ、ニンジンに大根、その他もろもろ野菜を入れて、最後に味噌で味つけして「さあもうすぐ完成だぞ！」というときに、家が激しく揺れた。

テレビをつけたら長岡方面で大きな地震が発生したという。新潟市も震度五と出ていたと思う。

鶏ガラスープにかまっているヒマはない。消防団の活動服に着替え、地震マニュアルにあったとおり、指定されている詰所に走った。

その後、積載車で担当地区を巡回し、異常がないことを確認した。避難所に指定されていた地元の小中学校の体育館にも明かりがついて準備は完了していたが、幸いにも我々の地区では利用者がないまま閉鎖された。

しかし、震源地の中越地方では、家屋の全半壊はおよそ一万七千棟。六十八名が死亡し、四、八〇〇名あまりの重軽傷者が出た。

そのとき、地元の消防団はどのように動いていていたのかを聞くべく、長岡市消防本部長岡消防署を訪ね、長岡市消防団副団長小林一福さんと、長岡北部方面隊副隊長吉野博文さんにお話を伺った。

下の写真右が長岡市消防団副団長小林一福さん。
下の写真左が長岡北部方面隊副隊長吉野博文さん。

小林一福副団長の場合

長岡市消防団で「オレたち消防団！」の講演会をさせていただいたときに司会進行をしてくださったのが小林副団長さんであった。ボソボソ話す講師のわたしよりもはるかに流暢にお話できるステキな人である。長岡市において「またしち」という屋号で酒と薬と食品を販売し、さらに郵便物まで取り扱い、たいへん手広くお仕事をされている。

当時、南部方面隊で副隊長をしていた小林副団長は、自分も関係していた文化祭の懇親会場にビールを届けるため、そのケースを肩に乗せたそのときに、大地がグラグラと揺れはじめたという。それからすぐに消防団員としての活動が開始された。

小学校が避難所となるので、隊長からその場を管理するよう指示が入った。学校に泊まり、避難所と市と対策会議に奔走した。

地元分団の車で山際の危険なエリアを巡回し、また壊れた家に人が残っていないか、その家の家族の無事を確認して回った。

自宅の前を通ると、自分の親と奥さんが壊れた家の片づけをしている姿が見えた。すぐにでも自分が代わってやりたかったのだが、しかし立場上、私情で動くわけにはいかなかった。そこを見て見ぬふりをして素通りした。

家が壊れたため、学校にテントを張りそこに泊まって消防団活動を続けた団員もいた。そんな団員がいるのに、自分が自分のために動くことは、申し訳なくてできなかった。

◇

被災者のために動いているうちは夢中だった。それがひと段落つき、こんどは自分のことをしなければと思ったのだが、荒れた自宅を見て、最初はどこから手をつけていいのかわからなかった。気力がわかなかった。気力を使いきっていた。

十二月から「またしち」での郵便の仕事、配達を再開したのだが、まだ道もわるく雨が降ればぬかるみ、目的の家にたどり着いても人がいないところもあって、たいへんな苦労をした。

吉野博文副方面隊長の場合

その日吉野さんは、日帰り温泉施設「アクアーレ長岡」で自分の関係している野球の講習会があった。その講習が終わってホッとしながら大浴場に浸かっていたときのことだった。下からドンと突きあげられた。

なんと、その衝撃で風呂に浸かっていたお年寄りが外に投げだされ、腰を打って動けなくなってしまった。

吉野さんはそのお年寄りを救出し脱衣場へ。とりあえず吉野さんもそこでズボンだけはいて怪我人がいないか管内を駈けまわった。その間も何度も揺れた。

自宅に戻ると、家の中はメチャクチャになっていた。誰もいなかった。みんな小学校のグラウンドに避難していた。

真っ暗なグラウンドの中で、我が子の名前を呼んだ。そしたら「おとうさーん」と声がした。ホッとした。みんな、震えながら外にいた。

とにかく外にいては寒くてたまらない。体育館に入りたいが、カギがかかっている。吉野さんは窓を割って体育館の扉を開け、グラウンドにいる人たちを中に入れた。

地元の団員も三人集まった。消防の無線で、「寒さ」と「食べものがない」ことを本部に知らせた。

とにかく寒さをなんとかしなければいけない。電気のいらない石油ストーブを持っている人に、家にとりにいってもらった。

二日目の夕方から、物資が届きはじめた。

吉野さんはそれから一週間、グラウンドに乗り入れたワンボックスカーで寝起きし、救援活動を続けた。

がんばれ

長岡市妙見町の土砂崩れでは、車で通行中の親子三人が巻き込まれ二人が犠牲となったが、事故発生から九十二時間後に当時二歳の男の子一人が救出された。孫の名を呼び「がんばれ、がんばれ」と祈るおじいさんの姿が忘れられない。その日からわたしは「がんばれ」という言葉が好きになった。

新潟県中越沖地震

平成十九年七月十六日十時十三分に発生した新潟県中越沖地震は、新潟県長岡市、柏崎市、刈羽村、長野県飯綱町の震度六強を最高に、新潟県中越地方を中心に大きな被害を与えた。

死者十五人、負傷者二千三百四十五人、住家全半壊七千棟。

海の日

平成十九年の七月十六日。その日は「海の日」で休みだった。

その日の午後、わたしはある検定試験を受ける予定だった。その会場に向かう前に家でコーヒーを飲みながら参考書を開き、最後の見直しをして自信たっぷり「楽勝だな」と思っていたときに、新潟が激しく揺れた。

三年前の中越地震のこともあり、今回も出動がかかるだろうと、参考書をほっぽり投げて消防団の活動服に着替え、いつでも出られるようにと待機していた。結果としては我が消防団の出動はなかったのだが、ナンダカンダで検定の受験はできずじまいだった。

しかし、わたしはその日の受験料がムダになっただけであったが、その現場にいた柏崎消防団の皆さんは、それどころではなかった。その瞬間から、修羅場が始まっていた。

その当時の様子を、柏崎市消防団幹部の皆さまから話を聞かせていただいた。

写真

左から　小林副団長　小池副団長　吉田副団長　入澤団長

池田副団長　村山副団長

そのとき

そのときの揺れは、横になっていた人は、そのあまりの激しさに立ちあがることができなかったほどだった。

二階にいた人は、階段を降りられない。重たい熱帯魚の水槽がすっ飛んできた。テレビもタンスもみんな飛んだ。温泉のお湯がチャポチャポ揺れて溢れ出た。走っている車のハンドルが急にとられ、最初はパンクかと思った。ふだんは二十分あれば帰られる道を二時間かけて家に戻った。

道路がマトモではなくなっている。地割れ、陥没で波打っている状態で、また門柱や塀垣も倒れ、もはや通行できなくなっている箇所が多数だった。

また、障害物のないところでも、橋と道路に段差ができて通行できない。道路陥没、線路も曲がる。信号機も機能していない。

また、停電でテレビがつかず、情報が入り難い状態になっていた。東京の親戚から電話があって、やっと自分たちの置かれている状況がわかった。

家族と消防団

地震のあと急いで家に戻ってみれば、やはり揺れて壊れて家の中はひどい状態になっていた。それでも家族は無事。ホッとした。

帰ってきた夫の姿を見て妻は喜んでくれたが、家族の無事を確認したあとにやったことは、活動服に着替えることだった。

それを見て妻は引き止める。

「家がこんな状態なのに、なぜアナタは出て行くの」と。

「いつも消防団でがんばっているんだから、今日だけは、家にいてください」と泣いている。

家には二歳の子どもがいる。夫として妻のその気持ちもわからないではないが、いや、じゅうぶんすぎるほどわかるのだが、それでも自分たちがいかなければならないのだ。
「ゴメンな」と謝りながらコミセンに走った。そこには同じような境遇の消防団員が大勢いた。みんな、「オレんちはまだ大丈夫だから」と集まっていた。

消防団としてやったこと

倒壊した家屋の屋根に穴をあけ、中にいる人たちを救出した。
また、崖の亀裂や壊れた家々の屋根にブルーシートをかける手伝いをした。

橋と道路の段差が時間とともに広がっていくので、土のうを詰めて修復させた。

信号機の機能しない交差点では、交通整理をした。

住民が避難所に行き空き家になっているところが多かったので、空き巣対策としても消防団は巡回していた。

避難所への物資を運ぶ作業をしていた。
物資のある市役所と避難所は四～五キロ離れたところにあったため、消防団がとりにいっていたところもあった。その四〜五キロを走るのに、一時間以上かかる状態だった。

物資は一般の人たちを優先にした。団員は自主的に後まわし。最初のころは、なにも食べずに動いていた団員もいた。そんななか、被災者でもないのに物資欲しさに配給の列に並んでいた人がいたことを知り、虚しさを感じた。しかし、虚しいからといって活動をやめてはいられない。

その消防団の姿を見て、避難所の人たちは安心してくれた。この人たちがいるから大丈夫だと思ってくれた。それが嬉しかった。だからこそ、がんばることができた。

多くの団員は、そのまま一週間、風呂も入らず同じ活動服を着たままコミセンに寝泊まりし消防団活動を続けた。活動服に塩がふいていた。

一応のメドがつき

一週間後、一応のメドをつけ自宅に戻った団員の多くは、自分の家の壊れ具合にあらためて気づく。どこから手をつけていいのかわからない。

使命としてあれだけ被災者のために活動してきた男たちも、自分の家に戻ったら、ホッとして一気に力が抜けた。その後はしばらく放心状態となってしまった団員も大勢いたと聞く。

団員たちがこれと同じ心理状態になることは、多くの取材先で聞かされた。みな、そのときは地域住民のためと思って懸命に動き働いていけるのだが、一応のメドがつき自宅に戻ったときに、我が家の荒れ具合にあらためて気づき呆然となる。すでに気力も体力も使いきっているのだ。

消防団員はどうしてがんばれるのだろう

自分の身もたいへんなのに、自分の家も壊れているのに、どうして被災地の消防団員は他人のためにがんばれるんだろうと思うことがある。

わたし自身、いざというときにそれができるかと聞かれれば「もちろんできる！」と胸を張って言うことができない。「できる」ようにしたいが、そのときになってみないとわからないのが正直なところだ。「他人になんてかまってられない。家族が大事だ、自分が大事だ。」と思ってしまうかもしれない。

しかし、こうやって話を聞かせてもらってわかったのは、普段はわたしと同じように思っていた団員が多いということだ。いざとなったら、地域住民のためにがんばることができるのかと疑問に思いつつも、いざとなったら、やっぱり体が動いた。困っている人がいたら、ほっておけなかった。消防団員であるかぎり、皆を守ろうと、心が前を向いたという。

広島市　土砂災害

平成二十六年八月。

その夜はカミナリが鳴り響き、稲妻が光った。夜空はまるで昼間のように明るく輝いていた。

安佐南の上空に、積乱雲が絶え間なく発生するバックビルディング現象が起きていた。

長靴は役にたたない

平田信夫団長さんは、最初は長靴で現場に入って行った。すると、あっというまに膝まで沈み、やっとの思いで足をひっこ抜いたが、長靴は二度と戻ってこなかった。

平田信夫団長さん

だから、こういう現場では編み上げの靴がいいとのこと。

広島では、消防団に編み上げ靴が支給されているそうだ。編みあげ靴はカッコイイ。消防署員がはいているあの靴がそうだ。ちなみに我が新潟市にはない。

じつはわたしもほしいと思っていた。革の半長靴だと濡れた道では滑るし、水がかかると染みてくる。またゴム長だと冬場はたいへん冷たいし、火事の現場に入って行くと溶けてしまいそうで怖い。


被害の写真を見せてもらった。

土砂の通って行ったところは根こそぎ破壊され、その場所には家の土台も残っていない。


人の背丈よりも大きな岩がゴロゴロとある現場。なぎ倒された木々が集まった路地。

また、土砂に侵入されひしゃげた家や泥だらけになって壊れた車の画像もある。

「前後左右からの土砂に潰され、新聞紙を丸めてそのまま放り投げられたようになった車もいっぱいあった」と団長さんは言った。

直撃を免れた場所にも、一メートルくらいの高さまで泥が流れ込み、堆積している。家の一階部分は泥に埋もれた。

家から出ることのできない人たちが、二階の窓からタオルを振って助けを求めていた。幸い電話は通じていた。消防署には一時間の間に三桁のＳＯＳが入ってきていた。

その災害のときから消防団は毎朝六時半に署に集合し、人員報告のあと作業開始。十八時にまた集合し点呼。その日の反省と翌日の人員予定の報告。これを八月二十日から九月十日までの二十二日間続けた。

復旧を急ぎたいところであるが、土砂の中にまだ人がいるかもしれないと思うと、重機を使っての一気の作業はできなかった。

団長さんたちは、クワで堆積した泥の上のゴミを取り、それからスコップで掘り進めていった。浮いて泥の上にゴミが溜まったままだと、抵抗が強くてスコップが刺さらなかった。

最終的には、九月末までに市内の消防団員延べ四、七一七人が、行方不明者の捜索や救助、避難所の運営支援にあたった。

そのうちの三百十九名が女性団員であった。

せせらぎ隊

以前、ある講演会で「オトコとオンナはちがう」と話したら、そのスジの偉い女性会長さんに怒られた。「同じです。断固同じです！」と。

怒られたけれど、じつはいまでもオトコとオンナはちがうと思っている。命の価値や尊厳、権利や義務というところはもちろん男も女もいっしょと思うが、やはりイキモノとして男性と女性はちがうと思う。我ら男性と比べたら、少しだけ女性のほうが完成度が高い気がする。

もちろん、男性は男性のよさがあることは言うまでもないが、男性のわたしから見て、女性には女性ならではの気配り、女性ならではの気づき、女性ならではの忍耐力、女性ならではの優しさがあり、わたしはいつもそれに感動し、女性ってすごいなと思う。

安佐南消防団には「せせらぎ女性消防隊」がある。女性だけで組織される消防隊である。安佐南消防団の分団配置ではなく、安佐南消防団の事務局に位置し、その長が西部美千代隊長である。

あの日の夜明け、家の外に出た西部隊長は、あまりの状況に絶句したという。土砂の入った家、倒れた電柱、ひしゃげた車。とんでもない状態になっていたのだ。

ただちに女性隊員たちの安否を確認するよう部下に指示を出し、そして西部隊長は消防署に出向いた。署は、災害への対応でごったがえしていた。

西部美千代隊長さん

男性団員たちと被害の大きい災害現場に行き、そこでのあまりの惨状に心が震えた。まさに地獄絵図。自分の家の周りより、さらにひどい状態だった。流木や土砂に埋もれた家の二階から白いハンカチが振られていた。家から脱出できない人たちが、救助を求めていた。その人たちを助け出し、避難所に指定された梅林小学校体育館に運んだ。そこは瞬く間に人がいっぱいになり、廊下にも人があふれていた。

そこで、本来は指定されていなかった佐東公民館に避難所が設営され、そこにせせらぎ隊が支援に入った。

避難所設営

せせらぎ隊は、避難してきた人たちに連絡や情報を「わかりやすく」「使いやすく」伝えることを第一に心がけ、まず最初に掲示板を作った。

そして、徹底した拭き掃除を行った。

土砂が乾くとそれが埃となって舞うようになる。掃除機を使ったり、濡れ雑巾での拭きとったりなどして、埃対策を徹底した。床磨き、畳拭き、消毒、とことんやった。毎日膨大な量のゴミ出しも、せせらぎ隊でやった。

また建物の玄関には消毒液に浸したタオルを何枚も敷き、靴について建物に入り込もうとする土埃を吸着させ、そこで阻止した。

掃除が完了した場所から、ダンボールベッドの資材を搬入した。ダンボールベッドはその名の通り、ダンボール箱を組み合わせて作る災害用の簡易ベッドのことだ。それは高さが五〇センチほどあり、そこに腰かけることもできるので高齢者でも立ったり座ったりがしやすい。また、簡易ではあるが衝立があるので、それでプライベートな空間を作ることもできる。避難者のために二〇〇個のダンボールベッドを作成した。

避難所の中に「佐東ブティック」と名づけられた場所がある。そこでは救援物資が男女別サイズ別にわかりやすく分類され並べられていた。これもせせらぎ隊の皆さんが手分けして並べた。

なにに困っているのか、なにが必要なのか、なにが不安なのか、常に避難者の目線になるよう心がけた。

「細かなことに気がつき、声をかけてくれる。とてもありがたい存在」と避難者から感謝された。活動服を着たせせらぎ隊を見ると安心できると言ってもらえた。そう、せせらぎ隊の皆さんは、ずっと避難者に寄り添っていた。

疲れた顔は見せなかった。休憩するときも、屋外の被災者の目につかないところで休んでいた。

せつなくても、避難者の「ありがとう」の一言で、がんばり続けることができた。

長崎県・雲仙普賢岳火砕流

平成二年十一月十七日に雲仙・普賢岳は噴火した。それは寛政四年の「島原大変肥後迷惑」以来百九十八年ぶりだった。

最初は、見えたその白い煙を、人々は小さな山火事と思った。

まだ大災害を危惧する声は多くはなかった。新しい観光名所の出現を期待する人もいたし、その噴火を機に、紐を引くと蒸気が出て熱々で食べられる「普賢岳噴火饅頭」も登場した。これはいまでも販売され、人気商品になっているとのことだ。

その後まもなく活動は低下したが、平成三年二月十二日から再び噴火が始まり、五月十五日には、水無川で最初の土石流が発生した。

高温のマグマが地表に届いたことを意味する溶岩ドームが五月二十日に出現し、魔の六月三日にと続く。

六月三日の午後四時すぎ、雲仙岳から発生した火砕流に四十三人が飲み込まれ死亡した。犠牲になったのは、報道記者とカメラマン、彼らを乗せていたタクシー運転手、パトロールの警察官、そして十二名の消防団員がいた。

そのとき、なぜそこに消防団員がいたのか。知って悲しくなる事実を聞かされた。

雲仙普賢岳・島原消防団

平成三年の雲仙・普賢岳の噴火で力を尽した消防団を取材するために、今回わたしは島原にきた。


ちなみに、旅には慣れていない。

その日は、出発前から高揚していたわたしであった。

生まれてはじめての三泊四日一人旅。かなり長いこと生きてきたなかで、一人旅の最長記録となる。

飛行機の乗り継ぎなどもしなければならず、失敗してはイカンという緊張もあったし、未知の場所へ取材に行く不安と、それを上回る楽しみもあった。

そのせいか、朝から腹具合がわるい。新潟空港で二回トイレに行った。最初の目的地の島原についてからも、取材の最中に具合がわるくなってはいけないと思い、念のために昼飯も食べずに仕事をした。

その反動で夕飯をいつもの倍ほど食べた。腹が減っていただけでなく、心底とってもおいしいご飯だった。

じつは、この店の人も島原の消防団員だったのだ。島原でインタビューした金子副団長紹介の店であった。「うちの団員がやっている店ですし、おいしいので、ぜひ」と言われたら、やはり行かなければなるまい。

雲仙普賢岳噴火があったときには、彼は大阪の修業先にいたそうだ。その噴火をきっかけに、その年の暮れに地元に戻って家業を継いだ。そしたらその翌年に阪神・淡路大震災だったという。微妙なところで大災害を避ける才能があるのかもしれない。

話は前後するが、島原の駅を出て気づくことがある。それは、島原駅がすごくカッコイイと言うこと。

「なにこれ。超風流なんですけどぉ」と叫びたいほど。

そして、駅を出てまっすぐ行くと島原のお城。

それでまた、途中でみつけた消防の詰所が由緒ありげ。いや、実際、かなりのものらしい。

そして、そのあたりを歩いていて見つけたのが、このお宝の車。

島原駅

消防の詰所

島原城

お宝の車

さりげなく置かれているマツダのR360クーペである。戦後の初めてクーペを名乗った車だ。半世紀以上前の車にナンバーがついていたのが感激だった。時間があればこちらの取材もしてきたかったけれど、今回は残念ながら写真を撮っただけで終わった。

そしてもちろん雲仙・普賢岳が見える。この優しそうな山が、あの日、暴れた。

さて、本題に戻ろう。

今回お話を伺ったのは、島原市消防団団長の本田庄一郎さんと副団長の金子宗弘さんのお二人である。

本田庄一郎団長さん

金子宗弘副団長さん

自己紹介をして、団長さんはわたしよりひとつお若く、副団長さんは二つお若いことがわかった。「学校ならば、二歳ちがえば神様みたいですからね」と副団長さんは言ってくださった。年齢を聞いて、なんだか急に自分が偉くなった気分になった。しかし、消防団の階級だと圧倒的にわたしが下であるけれど。

本田団長さんは、結婚してこちらにきてから「仲間がほしい」と思って消防団に志願したということだ。また地域への貢献は若者の義務と思ったとのこと。消防団は青春だという。さまざまな業種の仲間ができたことは消防団に入ったからこそ。飲んで失敗することも、楽しく話をすることも、みな青春。

金子副団長さんは、消防団入団により、さまざまな人との出会いがあったと言う。また消防団活動は副団長さんにとって、修練の場でもあり、学びの場であり、人との出会いの場でもあったとのこと。それらはみなお金で買えない財産となっていると言う。操法大会で代表として出場したのもいい思い出。だから三十年も続けることができたと教えてくれた。

本題に入る前までは、和気あいあいとのどかな雰囲気で雑談させてもらった。

しかし、あのときの噴火と火砕流の話に入ると、やはり表情は厳しくなる。過去のこととは言え、あのときのことを思い出すと、せつなくなるのだ。

「少しタイミングがちがえば、あのとき死んだ団員は自分だったのかもしれないんです」

火砕流という言葉が世の中に知れ渡ったのは、この雲仙・普賢岳の噴火からだった。火砕流とは高温の火山灰や軽石などが一団となって流れてくる状態を言う。空気よりもやや重く、流れ下る速度は一〇〇㎞/時を越えることもあり、短時間で広い範囲に大きな被害を及ぼすことがある。あの日は、まさにその火砕流によりたくさんの命が失われた。

わたしには、あのときのニュース映像が目に焼きついている。灰色の煙に追われ走る消防団員と消防車。また、火砕流を浴び灰で白くなった消防団員が、フラフラと山を下っている映像。彼は、何度も転びながら、それでも下るのをやめなかった。

また別の映像では、その人と同一かどうかは不明であるが、火砕流の熱でボロボロになった活動服の団員の姿があった。全身白くなり、大股でアスファルトの道をドタドタ歩いて行き、そして倒れた。苦しそうに息を吸う音が、せつなかった。

どうして消防団員がその火砕流に巻きこまれてしまったのか。

彼らはなぜその危険な場所に行かなければいけなかったのか。

それは、警戒区域に指定され無人になった民家に空き巣が入り込んでいるという情報があり、それを監視してほしいという住民からの要請によるものだったという。そういう無法者のために団員が犠牲となった。本来ならば、死ななくていい命だった。

あの事故のあと、現場は自衛隊に引き継がれ、消防団は後方支援に回った。

災害現場での消防団員・わたしの体験

平成十六年、新潟県は地震と水害という大きな災害を二つ被った。私も消防団として復旧活動のお手伝いにいってきた。その日は、ある公共施設の水害からの復旧が、わたしたちの任務だった。一日かけて、管内に入り込んだ泥を土のうに詰めて除去することになっていた。

さあがんばろうと、その現地に着いたとたんに聞いた付近住民からの言葉に、わたしはショックを受けた。

一足先にきて施設の泥を掻き出している消防団員たちを指さし「ほらみろ、あいつらぜんぜんやってない。物見遊山の気分できているんだ」と大きな声でイヤミを言っていたのだ。

泥カキのプロではない消防団員だから、多少動きがぎこちなかったのかもしれないが、それをその人たちは許してくれない。「物見遊山」と非難する。

その後、別の団員が、その家の人の前で作業の準備をしていたら「邪魔だ！　家の前に突っ立って遊んでんじゃねえぞバカヤロウ！」と怒鳴られた。

ふつう、ここまで言われたらケンカだ。復旧のためにやってきているのに、どうしてそんな言い方をされなければならないのか！

しかし、誰も言い返さなかった。理不尽とは思いつつも「しょうがない」というのが、みんなの気持ちだったたと思う。たしかに邪魔なのだろう。その人の家の前で仕事をしていたのが悪いのだろう。被災者から見れば、我々は災害のないところからやってきたノンキな自己満足集団に見えてしまうのかもしれない。

実際、さっき怒鳴った人の家の中には、大量の泥が入りこんでいる。その人は、何日もスコップを持って作業をしている。いつまでも終わりが見えてこない作業を続けている。自分が同じような状況におかれたら、イラダチのあまり同じように言ってしまうかもしれない。だから、みんなそう思って、「スミマセン」と謝り、黙々と復旧作業を続けた。我々の使命は、ひたすら泥をとることだ。付近住民から感謝の言葉をかけてもらって、それでいい気持ちになることではないのだ。

一日かけて、施設に侵入した泥の大部分を土のうに詰めることができた。真夏の作業で、文字通り滝のように流れた汗。いくら水分をとっても、それが全部汗になる。だから、誰もトイレにいっていない。ずっとスコップを握り続けていて、握力もほとんどなくなっている。服は上下とも汗と泥に濡れて重たくなった。体が臭い。もうクタクタだ。

しかし、我々の苦労はたったその日一日だけで終わる。我々には帰る家があり、家族の笑顔が待っている。

撤収の時間になり、我々の乗ってきたバスに戻る途中、あらためて洪水で破壊された街並を見て、ここに住んでいた人たちの悲しみを感じた。どうか少しでも早く、この街が元に戻りますようにと願った。

バスのそばまできたら、そこで復旧作業をしていた地元消防団の若者たちに会った。彼らは我々に「遠くからありがとうございました！」と言ってくれた。

ここにいる彼らの多くは、自らが被災者なのだ。自分の家も被害を受けているのに、消防団員としての責任感から、こうやって出てきている。

「キミたちの家も被害にあったんだろ。たいへんだな」と言葉をかけたら、ひとりの団員がちょっと考えてから答えてくれた。

「はい、ありがとうございます。でも、オレのところはまだここよりマシっすから！」と。

……ああ、なんとお人好しの消防団。しかし、なんとステキなお人好し。彼も早く家に帰りたいだろうに。

地元の若い団員たちを見て、わたしは消防団員であることを誇りに思い、帰りのバスに乗ることができた。

終わりに

また大勢の人たちにお世話になった。そして、たくさんの期待を感じてきた。

「オレたち消防団の生の姿を書いてくれ。消防団の楽しいことも書いてくれ。消防団に生きがいを感じていることも書いてくれ。いいこともわるいことも、みんな書いてくれ」と言われた。

予定していたより二年以上完成が延びた。多くはわたしの力不足によるものだ。ふだん仕事として書いているエッセイとはちがって、この消防団の本は、なにか独特の難しさがあった。背中に全国八十数万人の団員の姿を意識しプレッシャーを感じたからだろうか、ときに筆も止まってしまった。それからまた、皆さんの期待どおりの本にしたいという気持ちもあって、仕上げに時間がかかったことも大きい。

執筆しながら、あらためて消防団の心を感じることがあった。

たとえば東日本大震災。

リアルタイムでテレビの画面に写る津波や火災の現場。各地の被害状況が刻々と表示され、我々に情報を伝えてくれた。

想像してみてほしい。あの現場の人たちは、災害のいちばん近い場所にいながら、ほとんど情報が入ってこないところにいたのだ。電気は止まっている。電話も使えない。そんな状態の中で活動していたのだ。

彼らの尊さを、わたしは忘れない。

ただひたすら人を助けようとした彼らのことを、わたしは忘れない。

本書の中に、拙著「オレたち消防団！」からの引用を快く認めてくれた新潟日報事業社様、投稿の転載の許可をくださった「都市問題」の公益財団法人 後藤・安田記念東京都市研究所様に感謝いたします。

新潟市消防団藤田隆団長には、たくさんのアドバイスをいただき、本書執筆を助けていただきました。

新潟市消防局の上ノ山徹局長には、執筆全般にわたりお世話になりました。感謝してもしきれません。

お忙しい中、取材先の段取りをしてくれた新潟市消防局警防課消防団係の曽我さん、ありがとうございます。

取材先の消防団係の皆さまにも、現地での段取りをしていただき心から感謝いたします。

近代消防社の三井社長には、本書完成を辛抱強く見守っていただき、おかげさまでようやく完成することができました。本当にありがとうございました。

そして最後に、完成までずっとわたしを励まし応援してくれた仲間たち、ほんとにほんとに、ありがとう。

平成二八年二月

藤田　市男

初出一覧

「オレたち消防団！」新潟日報事業社
「都市問題」公益財団法人 後藤・安田記念東京都市研究所

参考文献

「オレたち消防団！」新潟日報事業社
「消防団の闘い」近代消防社
「都市問題」公益財団法人 後藤・安田記念東京都市研究所
「〝消防団基本法〟を読み解く」近代消防社
「長田消防団祈りの足跡」神戸市長田消防団
「消防団を中核とした地域防災力の充実強化に関する法律・命を守る地域防災力の強化」日本消防協会

《著者紹介》

藤田　市男（ふじた　いちお）

一九五八年　新潟市に生まれる。
大学を卒業して十年間勤め人を経験した後、娘が五歳で息子が一歳のときに退職。妻には大いに苦労をかけて、気がつけばエッセイストに。
消防団には結婚して一年半目の二十八歳で入団し、三十五歳で班長になり、その後めでたく退団。五年休んで四十歳で部長として再入団。ただいま新潟市消防団江南方面隊大江山分団の分団長。

好きな食べもの「とんかつ、焼肉、白いご飯」

新潟日報モアブログ「藤田市男のライトエッセイ」担当。
http://www.niigata-nippo.co.jp/blog/fujita/

主な著書

「せとぎわの護身術」（とらのまき社）
「父はなくとも…」（とらのまき社）
「家族っていいなあ」（新潟日報事業社）
「家族っていいなあ　Part 2」（新潟日報事業社）
「家族っていいなあ　Part 3」（新潟日報事業社）
「オレたち消防団！―地域を守る心優しき人々に捧ぐ―」（新潟日報事業社）

オレたち消防団！2

―オレたちがなぜ消防団を辞めないのか、
ホントの理由を世間は知らない―

平成二八年　三月三〇日　第一刷発行

著　者―**藤田《ふじた》　市男《いちお》**　©二〇一六
発行者―三井　栄志
発行所―**近代消防社**
〒一〇五―〇〇〇一
東京都港区虎ノ門二ノ九ノ一六（日本消防会館内）
TEL　〇三―三五九三―一四〇一
FAX　〇三―三五九三―一四二〇
URL=http://www.ff-inc.co.jp
E-mail=kinshou@ff-inc.co.jp
振替＝〇〇一八〇―五―一一八五
印刷――長野印刷商工
製本――丸山製本工業

検印廃止　Printed in Japan
落丁本・乱丁本はお取り替えいたします。
ISBN978-4-421-00880-7　C0030　定価はカバーに表示してあります。